Vereinbarkeit von Beruf und familiären Sorgepflichten

Julia Spiegl
(Hrsg.)

Vereinbarkeit von Beruf und familiären Sorgepflichten

Grenzen, Möglichkeiten und Perspektiven für Person – Familie – Organisation

Herausgeberin
Julia Spiegl
unikid & unicare
Universität Graz
Graz, Österreich

ISBN 978-3-658-14574-3   ISBN 978-3-658-14575-0 (eBook)
DOI 10.1007/978-3-658-14575-0

Die Deutsche Nationalbibliothek verzeichnet diese Publikation in der Deutschen Nationalbibliografie; detaillierte bibliografische Daten sind im Internet über http://dnb.d-nb.de abrufbar.

Springer Gabler
© Springer Fachmedien Wiesbaden GmbH 2017
Das Werk einschließlich aller seiner Teile ist urheberrechtlich geschützt. Jede Verwertung, die nicht ausdrücklich vom Urheberrechtsgesetz zugelassen ist, bedarf der vorherigen Zustimmung des Verlags. Das gilt insbesondere für Vervielfältigungen, Bearbeitungen, Übersetzungen, Mikroverfilmungen und die Einspeicherung und Verarbeitung in elektronischen Systemen.
Die Wiedergabe von Gebrauchsnamen, Handelsnamen, Warenbezeichnungen usw. in diesem Werk berechtigt auch ohne besondere Kennzeichnung nicht zu der Annahme, dass solche Namen im Sinne der Warenzeichen- und Markenschutz-Gesetzgebung als frei zu betrachten wären und daher von jedermann benutzt werden dürften.
Der Verlag, die Autoren und die Herausgeber gehen davon aus, dass die Angaben und Informationen in diesem Werk zum Zeitpunkt der Veröffentlichung vollständig und korrekt sind. Weder der Verlag noch die Autoren oder die Herausgeber übernehmen, ausdrücklich oder implizit, Gewähr für den Inhalt des Werkes, etwaige Fehler oder Äußerungen.

Lektorat: Stefanie Brich

Gedruckt auf säurefreiem und chlorfrei gebleichtem Papier

Springer Gabler ist Teil von Springer Nature
Die eingetragene Gesellschaft ist Springer Fachmedien Wiesbaden GmbH
Die Anschrift der Gesellschaft ist: Abraham-Lincoln-Str. 46, 65189 Wiesbaden, Germany

Vorwort

Die Vereinbarkeit von Familie und Beruf ist ein Thema, das medial und politisch gerne strapaziert wird[1]. Zahlreiche Auszeichnungen werden im Namen der Familienfreundlichkeit vergeben, ArbeitgeberInnen müssen sich die Frage nach familienfreundlichen Maßnahmen gefallen lassen, sogar in Werbeanzeigen von großen Handelsketten wird mit der Vereinbarkeit von Beruf und Kind um die potenzielle Arbeitskraft für Karrierestellen geworben. Und tatsächlich: Wie Sophie Karmasin, Bundesministerin für Familien und Jugend, in ihrem Vortrag am 13. November 2015 in Graz ausführte, verzeichnen familienfreundliche Unternehmen eine Verringerung der Krankenstandstage um bis zu 23 %, eine um 10 % geringere Fluktuation, eine um 11 % höhere MitarbeiterInnenmotivation und eine fast um 15 % höhere Rückkehrquote nach familienbedingten Auszeiten sowie eine um zweieinhalb Monate geringere Karenzdauer.

Öffentlich wirksame Frauen in Politik, Medien und Wirtschaft, also jene Frauen, die eine Sprache haben, gehört und gesehen werden, problematisieren immer öfter ihre persönlichen Vereinbarkeitsherausforderungen explizit (beispielsweise Doris Knecht, Karen Müller, Eva Glawischnig) oder implizit: So trat 2012 die deutsche Parteivorsitzende Gesine Lötzsch wegen der Krankheit ihres Mannes zurück, 2011 die dänische Bildungsministerin Tina Nedergaard, um sich mehr um ihre Tochter kümmern zu können.

---

[1]Vor allem die Rolle der Mutter in den ersten Lebensjahren ist im deutschen Sprachraum eine beliebtes Thema in öffentlichen, durchaus kontrovers geführten Diskussionen. Zwei Beispiele für die kontroversen Standpunkte finden sich unter http://www.regenbogenkreis. de/shop/inspiration/leben-mit-kindern/vom-unsinn-der-babybetreuung-in-kitas-oder-warum-man-saeuglinge-nicht-der-mutter-wegnehmen-sollte und http://www.frauenzimmer. de/cms/studie-zeigt-frueher-kita-besuch-ist-gut-fuer-die-kindliche-psyche-2386727.html.

An Tabus und polarisierenden Fragestellungen kommt niemand vorbei, der/die sich eingehend mit der Vereinbarkeit von Familie und Beruf beschäftigt. Die frühe Berufsrückkehr von Frauen ist seitens Politik und Wirtschaft – aber besonders von beruflich stark eingebundenen und engagierten Frauen selbst – erwünscht, ihr (alleiniger) Verdienst reicht aber oft nicht aus, um den familiären Lebensunterhalt sicherzustellen. Für viele ist ein Alltag in Armut mit Kind trotz Arbeit Realität geworden. Was die Öffentlichkeit nicht hören will: Einige Frauen bedauern den Schritt in die Mutterschaft – nicht wegen des Kindes, sondern wegen der daraus resultierenden sich verschlechternden Lebensumstände, wie u. a. Orna Dornath (2015) in „Regretting motherhood" beschreibt. Und: Während der Wert institutioneller Kinderbetreuung für die kindliche Entwicklung beforscht und belegt wird – etwa von der Entwicklungspsychologin Lieselotte Ahnert – sowie (integrations-)politisch betont wird, kann eine solche Entscheidung durchaus von ideologisch gefärbter Berichterstattung über die Mutter als beste und vor allem einzige (!) Betreuungsmöglichkeit oder von Schreckensmeldungen über (vermeintliche) Qualitätsmängel in Betreuungseinrichtungen[2] erschwert werden.

Von Vereinbarkeitsherausforderungen ist aber nicht nur die (eher junge) Frau mit (eher kleinem) Kind betroffen. Vor Vereinbarkeitsherausforderungen stehen alle, die zusätzlich zu einer (mehr oder weniger) geregelten Arbeit wie Studium oder Beruf gleichzeitig familiär bedingte Sorgepflichten gegenüber minderjährigen und/oder pflegebedürftigen Angehörigen aktiv übernehmen.

In Österreich gründet sich das System der Langzeitpflege sogar weitestgehend auf innerfamiliäre Pflegeleistungen durch (hauptsächlich weibliche) Angehörige. Laut Bedarfs- und Entwicklungsplan 2025 für pflegebedürftige Personen in der Steiermark (veröffentlicht 2015) liegt der Anteil an pflegebedürftigen Personen, die keine (auch keine ambulante) formelle Unterstützung in Anspruch nehmen, bei 70 %, zu 80 % werden diese von Frauen betreut.

Angebote zu Papamonat und Väterkarenz werden – auch wenn statistisch erhoben die Zahl der Karenzväter zwischen 2008 und 2013 bei etwa 8 bis 10 % stagnierte – vermehrt in Anspruch genommen: 2004 gaben 26,2 % der werdenden Väter an, in Karenz gehen zu wollen; 2 % gingen wirklich. 2010 gingen bereits 8,4 % der Väter zumindest für zwei Monate in Karenz[3]. 2014 wünschten sich das bereits 60 % der Männer, 17 % gingen tatsächlich, davon allerdings nur ein Fünftel länger

---

[2]Eine umfassende und seriöse Studie zum Thema ist zu nachzulesen unter: https://media. arbeiterkammer.at/wien/PDF/studien/familie/Arbeitsalltag_im_Kindergarten.pdf.
[3]Nachzulesen unter: https://www.sparklingscience.at/_Resources/Persistent/47736dfcc3032 137d20bb7c67833fa7121a25bc3/Karenzv_ter_in_Zahlen.pdf.

als zwei Monate. Es ist wichtig, auch wenn die Pressemeldungen noch immer von „unbeliebter" Väterkarenz berichten, diesen langsamen, aber stetigen Anstieg männlicher Sorgearbeit zu sehen, die die Erwerbslaufbahn und auch die Gehaltsentwicklung der Väter scheinbar durchaus positiv beeinflusst.[4]

Wie steht es also um arbeitende/studierende (allein-)erziehende Mütter und Väter, um erwerbstätige pflegende Angehörige? Welche Herausforderungen begegnen ihnen? Wie können sie unterstützt werden? Wie kann ihrer gesundheitlichen und sozialen Beeinträchtigung in Form von Überlastung oder auch eigenem Krankheitsgeschehen entgegengewirkt werden?

Basierend auf der Studie von Margareta Kreimer und Isabella Meier (durchgeführt 2009/2010) zur Situation pflegender Angehöriger an der Karl-Franzens-Universität Graz wurde die Abteilung unikid, initiiert und finanziert durch den damaligen Rektor Alfred Gutschelhofer, erweitert. Heute trägt sie den Namen „unikid & unicare – universitäre Anlaufstelle für Vereinbarkeit" und bietet ein umfassendes Vereinbarkeitsservice für all jene an, die Studium oder Beruf an der Universität Graz und aktive Sorgepflichten gegenüber minderjährigen und/oder pflegebedürftigen Angehörigen vereinbaren.

Das 10-jährige Bestandjubiläum der Abteilung im Jahr 2014 gab den Ausschlag, den vorliegenden Sammelband zusammenzustellen. Die Autorinnen sind Studentinnen, Absolventinnen, wissenschaftliche Mitarbeiterinnen und Professorinnen, die eine Fragestellung aus dem Komplex Vereinbarkeit aufgreifen.

Roberta Maierhofer berichtet in einem persönlichen Rückblick über Anfänge, Leitplanken und notwendige Kooperationen an der Universität Graz, die für die Professionalisierung und Institutionalisierung der Abteilung unikid & unicare richtungsweisend waren.

Margareta Kreimer und **Isabella Meier** legen eine gebündelte Zusammenfassung und Diskussion der bereits erwähnten Studie zur Situation pflegender Angehöriger an der Universität Graz vor, in der Herausforderungen und Handlungsbedarfe für wissenschaftliches wie auch administratives Personal aufgezeigt wurden.

Mit welchen Herausforderungen und Aufgaben Beschäftigte konfrontiert sind, die ihre älteren Angehörigen betreuen, beschreibt **Gerhild Hirzberger** anhand einer Untersuchung an der Caritas der Diözese Graz-Seckau. Vorgestellt werden

---

[4]Nachzulesen unter: https://www.sozialministerium.at/cms/site/attachments/4/1/9/CH2081/CMS1412668486455/vaeter_in_elternkarenz.pdf Die Perspektiven von Müttern sehen diesbezüglich anders aus: http://text.derstandard.at/2000036894121/Was-Frauen-die-Karenzkosten-kann?ref=nl&userid=367379&nlid=1.

Möglichkeiten zu deren Unterstützung sowohl Caritas-intern als auch sozialpolitisch.

Ramela Skrijelj-Mehmedovic versucht in ihrem Essay, Fürsorge aus Tabuisierung, Mystifizierung oder Glorifizierung herauszuholen. Denn die Tabuisierung privater Sorgeverpflichtungen, des Persönliche, sowie unreflektierte Gefühle geben uns, so die Autorin, keine Anleitung oder Antwort dazu, wie wir solchen Lebenssituationen gewachsen sein können.

Julia Spiegl spürt in ihrem Beitrag den vielen und dicht verwobenen Facetten der Familien- und Sorgearbeit nach: Wie hat sich Familie entwickelt und woraus besteht Sorgearbeit? Sie zeigt auf, dass die Unterstützung der Vereinbarkeit von Beruf und Familie heute ein Auftrag an moderne ArbeitgeberInnen ist.

Antonia Veitscheggers Beitrag zu Care Ethics beschäftigt sich philosophisch mit der Frage, warum wir uns auch ohne gesetzliche Sorgeverpflichtung aus einer moralisch empfundenen Verpflichtung heraus um unsere alternden Eltern eher kümmern, als dass uns das Wohl alternder Menschen im Allgemeinen ein Anliegen wäre.

Hannah Jaeger stellt sich die Frage nach der Vereinbarkeit von Beruf und Familie bei weiblichen Führungskräften. Sie zeigt aus Sicht befragter Frauen Hürden und mögliche Lösungsansätze auf und leitet daraus Empfehlungen und Tipps ab.

Nadine Harrer hat sich von Absolventinnen ihrer eigenen Studienrichtung erzählen lassen, wie sich die Berufsfelder der Wirtschaftspädagogik mit einem Familienleben mit Kindern vereinbaren lassen. Gibt es *das eine* ideale Berufsfeld?

Der Situation studierender Mütter und Väter an der Universität Graz widmen sich **Lisa-Marie Berger** und **Jasmin Gragger**. Neben der wissenschaftlichen Erhebung der Daten und Fakten zu dieser Gruppe legen sie den Fokus auf die persönlichen Meinungen und Ansichten der Studierenden.

Wie sich die Elementarpädagogik sowohl als Berufsfeld für Frauen als auch als Voraussetzung für weibliche Erwerbsarbeit und die gesellschaftliche Rezeption derselben entwickelt hat, zeigt **Christina Pernsteiner.**

Im Anhang finden Sie eine Zusammenfassung der Aufgaben, des Angebots und der Geschichte der **Abteilung unikid & unicare** im Sinne eines „Kurz vorgestellt".

Ich möchte an dieser Stelle ganz besonders herzlich den Wegbereiterinnen der Anlaufstelle für Vereinbarkeit danken: den zuständigen Vizerektorinnen Ada Pellert (1997–2003), Roberta Maierhofer (1999–2011, 2003–2011 für Vereinbarkeit zuständig) und Renate Dworczak (Vizerektorin seit 2007, seit 2011 für Vereinbarkeit zuständig), die durch ihren persönlichen Einsatz den Aufbau, die

Implementierung und die Weiterentwicklung ermöglicht und mitgetragen haben. Bedanken möchte ich mich auch bei meinen Vorgängerinnen Erika Lechner-Schneider, Martina Mayer-Krauss und Monika Sträußlberger, die mit viel Engagement und Feinsinnigkeit die Angebote und Services aufgebaut und dazu beigetragen haben, dass das Vereinbarkeitsservice der Karl-Franzens-Universität Graz heute eines ist, das Familien bei verschiedenen Herausforderungen unterstützen kann und mittlerweile auch vielfach öffentlich ausgezeichnet wurde.

Ein abschließendes Wort: Fast alle Autorinnen stehen selbst in dichten beruflichen und familiären Zusammenhängen. Die Herausgabe dieses Buches ist somit Summe und Signal deren eigener, oft als schwierig erfahrener Vereinbarkeitssituation. Umso mehr war es mir ein Anliegen, diesen Sammelband abzuschließen und der Öffentlichkeit zu präsentieren – im Sinne gelebter Solidarität und Anerkennung.

Auffallend: In der Beschäftigung mit familiärer Sorgearbeit dient allzu oft „die Mutter" als Leitbeispiel. Wir alle scheinen sie zu kennen und zu wissen, was sie tut und wie sie lebt. Von pflegenden Privatpersonen gibt es (noch) kein vermeintlich einheitliches Bild – sicher liegt das auch daran, dass der Bereich Pflege noch viel verschwiegener und unsichtbarer ist. In diesem Sinne möge der vorliegende Band zu einer Erweiterung des Verständnisses von Vereinbarkeit im Allgemeinen und den Facetten familiärer Sorgearbeit im Besonderen einen Beitrag leisten.

Graz, Österreich
im Juni 2016

Julia Spiegl

Inhaltsverzeichnis

1 Nicht für Hund und Katz: Die Anfänge der
   Vereinbarkeit von Familie/Beruf an der Universität Graz 1
   Roberta Maierhofer

2 Pflegende Erwerbstätige an der Universität Graz 7
   Margareta Kreimer und Isabella Meier

3 Vereinbarkeitsfördernde Personalpolitik 19
   Gerhild Hirzberger

4 Die Vernunft der Fürsorge 31
   Ramela Skrijelj-Mehmedovic

5 Vereinbarkeit von Studium/Beruf und Familie – mitunter
   eine Gratwanderung für alle Beteiligten 41
   Julia Spiegl

6 Sind wir dazu verpflichtet, uns in besonderem Ausmaß um
   die eigenen Eltern zu kümmern? 51
   Antonia M. Veitschegger

7 Mütter in Führungspositionen – eine österreichische
   Ausnahmeerscheinung 65
   Hannah Jaeger

8 Auf der Suche nach dem „idealen Beruf" für
   WirtschaftspädagogInnen mit Kind/ern 81
   Nadine Harrer

| 9 | Studieren mit Kind | 97 |

Lisa-Marie Berger und Jasmin Gragger

| 10 | Das Spannungsverhältnis von Vereinbarkeit und Gleichstellung am Beispiel elementarpädagogischer Institutionen | 105 |

Christina Pernsteiner

Anhang ... 117

Angebote ... 119

Geschichte ... 127

Nicht für Hund und Katz: Die Anfänge der Vereinbarkeit von Familie/Beruf an der Universität Graz

Roberta Maierhofer

Als ich im Oktober 2003, nachdem ich bereits von 1999 bis 2003 vier Jahre im UOG 1993 als Vizerektorin für Internationale Beziehungen an der Universität Graz tätig gewesen war, im neuen Universitätsgesetz 2002 nun als Vizerektorin für Internationale Beziehungen und Frauenförderung von 2003 bis 2007 und dann von 2007 bis 2011 als Vizerektorin für Internationale Beziehungen und Überfakultäre Angelegenheiten die Verantwortung für den Bereich Vereinbarkeit von Familie und Beruf übernahm, konnte ich auf bereits gesetzte Initiativen von Ada Pellert aufbauen, die – als Vizerektorin von 1999 bis 2003 meine Kollegin im Rektorat – einige richtungsweisende Projekte an der Universität Graz etabliert hatte. Diese Projekte wurden damals großzügig vom Ministerium gefördert und diese finanzielle Unterstützung bedeutete für die Universität Graz erstmals die Möglichkeit, sich dem Thema in einer institutionalisierten Form zuzuwenden. In diesen ersten vier Jahren der Teilautonomie der Universität Graz wurden – zwar noch auf einer provisorischen Ebene – die Strukturen geschaffen, die in der Folge von mir als Vizerektorin in Zusammenarbeit mit einer Reihe von Mitarbeiterinnen – Erika Lechner, Martina Mayr-Krauss, Monika Sträußlberger und Julia Spiegl, die heute noch diesen Bereich verantwortet – auf eine nachhaltige Weise gestaltet werden konnten. Die Schwierigkeit bestand damals darin, diese auf Projektebene angelegten Systeme zu institutionalisieren, da deutlich wurde, wie wichtig all diese Einrichtungen für eine wissenschaftliche Institution

---

R. Maierhofer (✉)
Graz, Österreich
E-Mail: roberta.maierhofer@uni-graz.at

© Springer Fachmedien Wiesbaden GmbH 2017
J. Spiegl (Hrsg.), *Vereinbarkeit von Beruf und familiären Sorgepflichten*,
DOI 10.1007/978-3-658-14575-0_1

sind, die Qualität in Forschung, Lehre und Verwaltung als oberstes Ziel formuliert hat. Trotz des Projektcharakters wurden die Strukturen des damaligen Angebots „unikid" bereits als Struktur wahrgenommen, die arbeitenden Eltern zur Verfügung stand und ihnen das Leben erleichterte. Dieses Angebot galt es zu stärken, und daher war es mir wichtig, die aufgebauten Strukturen zu halten und die Einrichtung als eigenständiges Büro zu institutionalisieren.

Die gesetzten Maßnahmen fanden auch in der Öffentlichkeit Anerkennung. Im Oktober 2014 wurde Rektorin Christa Neuper von den LeserInnen der Tageszeitung *Die Presse* in der Kategorie „Familie und Beruf" zur „Österreicherin des Jahres 2014" gekürt. Unter dem Titel „Christa Neuper: Ein Familienleben für Forscher" wird von der Journalistin im zugehörigen Artikel die weitreichende Problemlage der Vereinbarkeit von Beruf und Familie in Erinnerung gerufen: „vor allem für Frauen ist die Kombination von wissenschaftlicher Karriere und Kindern häufig enorm belastend – oder sie halten sie gleich überhaupt nicht für möglich. Und viele stehen damit (zumindest vermeintlich) vor der Frage, ob sie sich für eine akademische Laufbahn entscheiden sollen – oder für eine Familie" (Bayrhammer 2014, o. S.). Der Wissenschaftsbetrieb mit seinem globalen Konkurrenzdruck, mit seiner hohen Mobilität, mit seiner Ergebnisorientierung sei nicht zu ändern, aber die Universität könne für ihre MitarbeiterInnen „Rahmenbedingungen schaffen, um das bestmöglich umzusetzen – auch mit Familie" (Neuper zit. n. ebd.), steckt dann die Rektorin die Zielsetzung der universitären Anstrengungen im Bereich der Vereinbarkeit von Beruf und Familie ab.

Diese Wahl von Rektorin Neuper sowie andere Preise, die die Universität Graz für ihre Bemühungen um die Vereinbarkeit von Beruf und Familie erhalten hat, würdigen nicht nur die erfolgten Maßnahmen, sondern machen zugleich auf die gesamtgesellschaftliche Bedeutung und Weite des Themas aufmerksam. Mein Zugang über die acht Jahre, in denen ich den Bereich Vereinbarkeit verantwortet habe, war von der Vorstellung einer „forschungsgeleiteten Administration" – ähnlich der forschungsgeleiteten Lehre – bestimmt, wonach wir versuchen sollten, Forschungsergebnisse und Erkenntnisse auch in administrative Institutionen einfließen zu lassen. Von meinem eigenen Forschungsbereich, der Interdisziplinären Gerontologie, leitete ich daher ein weiteres Aufgabenfeld zur Bewältigung der Vereinbarkeit von Beruf und Familie ab: Die familiären Belastungen der MitarbeiterInnen der Universität Graz entstehen nicht nur durch die Betreuungspflichten für Kinder, sondern auch durch andere Betreuungspflichten, etwa die Pflege von Angehörigen, wo wir als Universität ebenfalls unterstützend Angebote machen müssen. Unsere Anstrengungen in diesem Bereich haben wir dann auch im Jahr 2010 durch die Pflegestudie, 2012 durch eine Umbenennung des Bereichs in „unikid & unicare" sichtbar gemacht.

Die Frage von Vereinbarkeit von Familie und Beruf oder in umgekehrter Reihenfolge – wie oft von Verantwortlichen im Arbeits- und Berufsleben mit Nachdruck eingefordert – eher von Beruf und Familie kann gesellschaftlich nicht in einem wertfreien und neutralen Kontext diskutiert werden. Ob man es nun will oder nicht, jeder Beitrag zu diesem Thema enthält einen bereits definierten Zugang, eine Einstellung gegenüber Lebensformen und gestalteten sozialen Räumen, das heißt einen Wertekatalog oder anders ausgedrückt eine Ideologie. So wurde auch das bekannt gewordene Angebot von US-amerikanischen Firmen, wie etwa Apple, Facebook oder Amazon, die Kosten für das Einfrieren der Eizellen weiblicher Angestellter im sogenannten gebärfähigen Alter zu übernehmen (vgl. Srinivas 2014), von den Medien unterschiedlich beurteilt: als Ausdruck der neo-liberalen Gesellschaft, die den Menschen nur mehr auf Zweck, Effizienz und Brauchbarkeit reduziert, oder als Hybris des Menschen, sich mit Hilfe von Technik, Fortschritt und wissenschaftlicher Machbarkeit über die Natur zu stellen und die „natürliche" biologische Uhr einfach umzubauen, oder aber auch als Frage des feministischen Fortschritts und als ein weiterer Schritt in Richtung Selbstbestimmungsmöglichkeit der Frau, gleichgestellt mit dem Mann die Fruchtbarkeit nicht nur auf ungefähr zwei Jahrzehnte zu reduzieren, sondern sie über diesen Zeitraum hinaus zu verlängern.

Wenn eine Institution der Gesellschaft wie die Universität Verantwortung für ihre MitarbeiterInnen übernimmt, dann ergänzt und unterstützt sie, deren Kernbereich Forschung und Lehre ist, die Aufgaben der sogenannten „öffentlichen Hand" und schafft nicht nur unmittelbar für die ArbeitnehmerInnen Betreuungsangebote, sondern erhöht auch am Standort – im Fall der Universität Graz im Bezirk, in der Stadt Graz, in der Steiermark – die Dichte von Kinderbetreuungsplätzen. Sie leistet dadurch einen nicht unbedeutenden Beitrag zur Lebensqualität und zum Lebensstandard einer Region und setzt damit eine bestimmte Werthaltung um. In der Schnittstelle von persönlicher Lebenserfüllung und beruflicher Aufgabe wird jedoch besonders deutlich, dass es um die Gestaltbarkeit der Welt geht. Das macht auch die Frage notwendig, welche sozialen Bedürfnisse von der Arbeitswelt erfüllt werden können. Das Schlagwort von der Work-Life-Balance beispielsweise bezieht sich nicht nur auf Bedürfnisse der Familien, sondern wird oft auch als Codewort für die Ansprüche der Alleinstehenden verwendet. Wenn reflexartig auf jeden Rhythmus, jede Taktung einer Institution mit dem Hinweis, das sei nicht familienfreundlich, geantwortet wird, dann geht es eher um Störfelder, die durch andere Taktungen und Rhythmen in der Gesellschaft hervorgerufen werden, die nicht immer lösbar sind, aber in der Ambivalenz akzeptiert werden müssen. Die Institution kann Hilfestellungen anbieten, Möglichkeiten schaffen, kann aber z. B. die grundsätzliche Situation von Eltern nicht verändern. Manchmal wird auch von der Institution mehr Verständnis für die Familienbelastung der Frau verlangt, als dass vom Vater des Kindes oder von der Familie, in der noch die traditionelle Aufteilung der Betreuungspflichten vorherrscht, Unterstützung eingefordert wird. Aufgeschlossenheit gegenüber sich verändernden Lebensformen wird von einer Institution erwartet, aber nicht vom/von der Einzelnen. So müssen dann etwa alle Sitzungen auch von nicht alleinerziehenden Eltern *immer* so angesetzt werden, dass beide Elternteile zugleich zuhause sein können, ansonsten wird sofort der Vorwurf formuliert, familienfeindlich zu sein. So hat sich interessanterweise eine Leserin der Wochenzeitung *Die Zeit* die Frage gestellt, ob das Einfrieren von Eizellen, damit man später Kinder bekommen kann, vielleicht mehr mit Nostalgie als mit der Frage von reiner Effizienz und Ökonomie zu tun hat. Diese Leserin meint, dass es eine Sehnsucht gibt, als Mütter unsere Kinder so zu erziehen, dass wir ganz traditionell einem bürgerlichen Frauenbild entsprechen können. Vereinbarkeit bleibt daher auch an die Frage gekoppelt, was ein gutes Leben ausmacht.[1]

Auch wenn die Erwartungen, was Vereinbarkeit leisten soll, in einer pluralistischen Gesellschaft unterschiedlich ausfallen, gibt es doch Anforderungen an diese, die aus der sozialen Verantwortlichkeit heraus entstehen und daher verstärkt zu konkreten Maßnahmen Anlass geben. So ist die Verantwortung für ein Kind eine besondere, da bis mindestens zum Schuleintritt des Kindes eine unmittelbare Präsenz und zeitliche Dringlichkeit der Aufsicht notwendig sind, die zu keinem anderen Zeitpunkt in der Form gefordert werden. Die mir gegenüber geäußerte Bemerkung einer Kollegin, dass ihrer Meinung nach die Betreuung eines Hundes, einer Katze oder eines Kindes gleich zu sehen seien, zeigt, dass die Grundprämisse, was es heißt, ein Kind zu betreuen, nicht bedacht wurde. Darüber hinaus wird nicht nur der Grad der Belastung für die Betroffenen bagatellisiert, wenn keine geeignete Lösung für die Betreuung der Kinder oder keine Möglichkeit, im Krankheitsfall beim Kind zu bleiben, gegeben ist, sondern es wird vor allem der zeitliche Aspekt ignoriert. Dieser zeitliche Aspekt ist dadurch gegeben, dass für Eltern die Belastung im Regelfall zeitlich begrenzt ist, aber in der Zeit, wo eine solche Betreuung notwendig ist, diese nicht vertröstet werden kann. Die Anwesenheit und Betreuung müssen sofort, unmittelbar erfolgen und erlauben keinen zeitlichen Aufschub. Kinder können zu ihren Eltern auf Handlungsaufforderungen mit „Gleich" antworten, für Eltern hingegen ist das nicht möglich, denn ein Kind fordert eine unmittelbare Präsenz im Hier und Jetzt ein.

---

[1]Nachzulesen sind der Artikel „Reproduktionsmedizin: Facebook und Apple zahlen Einfrieren von Eizellen" in der ZEIT online vom 15. Oktober 2014 sowie die Kommentare dazu unter: http://www.zeit.de/gesellschaft/2014-10/apple-facebook-einfrieren-eier-frauen.

Bei allem ernsthaften und einzufordernden Bemühen der Institution ist die Forderung, dass diese die Vereinbarkeit von Familie und Beruf garantieren muss, in dieser Absolutheit nicht möglich. Es ist vielmehr ein Balanceakt zwischen dem Privaten und dem Politischen. Veränderungsprozesse müssen von beiden Seiten getragen werden. Wenn eine traditionelle Vorstellung von Familie den Ausgangspunkt für die Vereinbarung von Beruf und Familie bildet, in der das Bild der Mutter, die bei ihren Kindern bleibt, derart stark im kollektiven Bewusstsein verankert ist, dann werden auch viele Mechanismen (z. B. Kinderkrippe) nicht greifen und nur solche Vereinbarkeitsprogramme möglich sein, die auf diese traditionellen Rollen Rücksicht nehmen.

Da natürlich gerade in den Belangen der Vereinbarkeit Rechtssicherheit wichtig ist, weisen manchmal die gesetzlichen Grundlagen auch auf gewisse Widersprüche hin, die aus der nicht leichten Annäherung von Beruf und Familie erwachsen, wenn etwa die Pflegefreistellung nur bis zum Alter von 12 Jahren eines Kindes gilt, man aber bei hohem Fieber auch ein älteres Kind nicht wirklich alleine lassen kann. Dies zeigt deutlich, was familiäre Verpflichtungen sind, die eine Anwesenheit in der Pflege und Betreuung einfordern. Die Einrichtung von Betreuungsmöglichkeiten für Kinder geht daher an der Universität Graz auf Initiativen von Eltern im Universitätsbetrieb zurück, die nach einer Lösung für eine gute Versorgung ihrer Kinder während ihrer beruflich notwendigen Abwesenheit gesucht hatten. So wurde der damalige Universitätskindergarten von engagierten WissenschafterInnen gegründet, die den Kindergarten lange als Verein geführt und die Institution Universität in die Verantwortung als Arbeitgeberin genommen und somit – lange vor der Autonomie der österreichischen Universitäten – die Universität auch für die Vereinbarkeit von Beruf und Familie verantwortlich erklärt haben. Als nächster Schritt wurde dann auf Projektebene eine Anlaufstelle für alle Fragen und Probleme die Betreuung betreffend eingerichtet, wo Netzwerke geknüpft, Informationen ausgetauscht und auch Vernetzungstreffen und Veranstaltungen angeboten werden konnten. Auch die Ausbildung von Studierenden für die Kinderbetreuung im Rahmen von Vorbereitungskursen zeigt in Richtung einer weiteren Professionalisierung der Betreuung. Erst diese Professionalisierung und Institutionalisierung des Betreuungsangebots brachten den Eltern jene Planungssicherheit, die für die Wirksamkeit der gesetzten Maßnahmen im Hinblick auf Vereinbarkeit von Beruf und Familie unbedingt notwendig ist.

So fanden die Universität und ihre MitarbeiterInnen im Zusammenspiel von Privatem und Institutionellem zu den heute eingeführten und ausgezeichneten Einrichtungen im Bereich der Vereinbarkeit von Beruf und Familie, die keineswegs für Hund und Katz sind, sondern zu einer für beide Seiten bereichernden Entwicklung der Gesellschaft beitragen.

Literatur

Bayrhammer, B. (2014). Christa Neuper: Ein Familienleben Für Forscher. *Die Presse*. 12. September 2014. http://diepresse.com/unternehmen/austria14/3869204/Christa-Neuper_ Ein-Familienleben-fur-Forscher. Zugegriffen: 15. Mai 2016.

Srinivas, S. (2014). Facebook and apple to pay for female employees to freeze their eggs. *The Guardian*. 15. Oktober 2014. http://www.theguardian.com/money/us-money-blog/2014/oct/14/apple-facebook-pay-women-employees-freeze-eggs. Zugegriffen: 15. Mai 2016.

Über die Autorin

Roberta Maierhofer, Ao. Univ.-Prof. Mag. Dr. M.A. Studium der Anglistik/Amerikanistik und Germanistik an der Karl-Franzens-Universität Graz und der Vergleichenden Literaturwissenschaften an der State University of New York at Binghamton, USA, wo sie heute noch als *Adjunct Associate Professor* tätig ist. Professorin der (Inter)Amerikanistik, Leiterin des Zentrums für Inter-Amerikanische Studien (C.IAS) der Universität Graz und eine der führenden europäischen ExpertInnen im Bereich der Alternswissenschaften. 12 Jahre lang in drei Amtsperioden (1999 bis 2011) Vizerektorin für Internationale Beziehungen, Frauenförderung und überfakultäre Angelegenheiten der Universität Graz.

Pflegende Erwerbstätige an der Universität Graz

Vereinbarkeit von Wissenschaft/administrativer Tätigkeit und Care

Margareta Kreimer und Isabella Meier

2009 wurde von der Karl-Franzens-Universität Graz mit Unterstützung des damaligen Rektors Alfred Gutschelhofer ein Projekt ins Leben gerufen, das die bislang auch an der Universität gegebene enge Perspektive auf die Vereinbarkeit von Erwerbstätigkeit und Kinderbetreuung in Richtung Betreuung und Pflege von Angehörigen erweitern und diesbezügliche Angebote für betroffene pflegende Universitätsangehörige entwickeln sollte. Die im Rahmen dieses Projektes beauftragte Studie (Laufzeit Oktober 2009 bis August 2010), deren Ergebnisse in diesem Beitrag zusammengefasst wiedergegeben werden (vgl. dazu auch Kreimer und Meier 2014), wurde von den Autorinnen in Kooperation mit der damaligen Interuniversitären Kinderbetreuungsanlaufstelle der Universität Graz (**unikid**) durchgeführt (siehe Kreimer und Meier 2011).[1]

---

[1] Basierend auf dieser Studie wurde an der Karl-Franzens-Universität Graz im Jahr 2011 begonnen, unter dem Titel **unicare** ein Informations- und Beratungsangebot aufzubauen, welches Universitätsangehörige zu arbeitsrechtlichen Fragen und zu Angeboten professioneller Pflegeeinrichtungen anonym berät und Möglichkeiten eines informellen Austausches für pflegende Angehörige bietet.

M. Kreimer (✉) · I. Meier
Graz, Österreich
E-Mail: margareta.kreimer@uni-graz.at

I. Meier
E-Mail: isabella.meier@uni-graz.at

© Springer Fachmedien Wiesbaden GmbH 2017
J. Spiegl (Hrsg.), *Vereinbarkeit von Beruf und familiären Sorgepflichten*,
DOI 10.1007/978-3-658-14575-0_2

2.1 Pflegende Angehörige im hoch qualifizierten Bereich: Care Manager

Die Pflege von älteren Menschen durch Angehörige ist ein verhältnismäßig junges Forschungsfeld. Im deutschsprachigen Raum und auf EU-Ebene rückte die spezifische Situation pflegender *erwerbstätiger* Angehöriger *(working carers)* erst im letzten Jahrzehnt zunehmend ins Blickfeld.[2] Dabei stehen die Auswirkungen von Pflegebedürftigkeit in der Familie auf das Erwerbsverhalten der Angehörigen und die Stellung von Erwerbstätigen mit Pflegeverpflichtungen auf dem Arbeitsmarkt im Vergleich zu solchen ohne Pflegeverpflichtungen im Zentrum.[3]

Die Ansprüche pflegender erwerbstätiger Angehöriger fallen in Österreich im Wesentlichen unter die gesetzlichen Bestimmungen zur Pflegefreistellung, zum Sonderurlaub, zur Familienhospizkarenz und seit 2014 auch zur Pflegekarenz und -teilzeit. Diese Unterstützungen sind nur für zeitlich begrenzte und/oder akute häusliche Pflegeeinsätze geeignet. Da die Gesamtdauer der Langzeitpflege in aller Regel nicht vorher- und damit absehbar ist, sind diese Möglichkeiten selten ausreichend. Zudem stellt sich die Frage, inwieweit solche Freistellungsregelungen von stark erwerbsorientierten Erwerbstätigen überhaupt in Anspruch genommen werden können bzw. diese das wollen.

Personen mit hohen Qualifikationen und einer guten Arbeitsmarktanbindung, die in einkommensstarken und/oder verantwortungsvollen Positionen – wie vorliegend in einem Universitätsbetrieb – tätig sind, können aufgrund der zeitlichen Beanspruchung des Berufes seltener zusätzliche Tätigkeiten wie informelle Pflege selbst übernehmen. Sie sind jedoch finanziell eher in der Lage, formelle Pflegearrangements bereitzustellen und übernehmen die Organisation dieser Pflegeleistungen. Personen mit geringerer Bildung und niedrigem Einkommen übernehmen dagegen auch anspruchsvolle Pflegeleistungen häufiger selbst. Daher werden Erstere als „care manager", Letztere als „care provider" bezeichnet (vgl. Karrer 2009, S. 22).

Unabhängig vom sozioökonomischen Status gehen Anpassungen in der Erwerbsarbeit im Falle einer Betreuungstätigkeit – wie Arbeitszeiteinschränkung oder (Tele-)Heimarbeit – zumeist Einschränkungen in der Freizeit und den sozialen Kontakten voraus. Die familiäre Altenpflege durch Erwerbstätige muss

---

[2]Für Österreich sei auf Pochobradsky et al. (2005) sowie auf die Forschungsaktivitäten des Instituts für Altersökonomie an der WU Wien verwiesen (vgl. z. B. Mühlmann et al. 2011). Auf EU-Ebene wurde die Studie „Workers with care responsibilities" durchgeführt. Für Deutschland sei das Projekt „carers@work" erwähnt.
[3]Eine ausführlichere Literaturübersicht findet sich in Kreimer und Meier (2014).

folglich nicht zwangsläufig zu einer Verringerung der Arbeitszeit und der Arbeitsleistungen der Betroffenen führen, wohl aber führt sie häufig zur Verkürzung deren Freizeit.

2.2 Anforderungen und Herausforderungen der Pflege[4]

Erfahrungsberichte wie auch viele Studien zeigen, dass sich die Pflege und Betreuung von pflegebedürftigen Angehörigen neben einer Erwerbstätigkeit trotz gewisser Parallelen anders gestaltet als die familiäre Kinderbetreuung. Der Pflegebedarf kann einerseits akut und völlig unvorbereitet auftreten, etwa durch eine Krankheit oder nach einem Unfall des/der zu Betreuenden. Andererseits kann der Pflegebedarf auch schleichend entstehen: Eine anfänglich punktuelle Hilfe kann im Laufe der Zeit das Ausmaß einer 24-h-Betreuung annehmen.

Die Betreuung von (gesunden) Kindern hingegen ist ein gut vorhersehbarer Prozess und die Menge an Zeit und Energie, die aufgewendet werden müssen, sinkt tendenziell mit dem Alter der Kinder. Freizeit, Erholung und Urlaub sind mit betreuungsbedürftigen Erwachsenen zumeist viel schwerer vereinbar als mit wesentlich mobileren (gesunden) Kindern. Die Regeneration der Pflegenden kommt in der familiären Altenpflege daher oft zu kurz – darauf weisen empirische Studien zur Lage pflegender Angehöriger hin. Zudem kann deren Gesundheit etwa durch schweres Heben, einen Mangel an Fachkenntnissen und fehlende Hilfsmittel beeinträchtigt werden. Eingefahrene Beziehungsmuster innerhalb des Familiensystems können zu Aggressionen und Unzufriedenheit aufseiten der Pflegenden wie aufseiten der Gepflegten führen. Zudem sind positive und motivierende Erlebnisse in der familiären Altenbetreuung im Vergleich zur Kinderbetreuung weitaus seltener, denn das Mit-Erleben einer Verschlechterung des Zustands von nahen Angehörigen ist meist belastend.

Am Arbeitsplatz sind familiäre Altenbetreuungsverpflichtungen stärker tabuisiert als familiäre Kinderbetreuungsverpflichtungen. Nach unseren Erfahrungen haben Betroffene Befürchtungen, dass ihnen eine geringere Leistungsfähigkeit unterstellt wird. Das kann sie davon abhalten, ihre private Situation Vorgesetzten zu kommunizieren und Unterstützung zu suchen.

---

[4]Vgl. den Literaturüberblick in Kreimer und Meier (2014).

2.3 Untersuchung zu Pflegemotivation und Vereinbarkeitsproblematiken

Die hier präsentierten Studienergebnisse basieren auf leitfadengestützten Interviews mit acht betroffenen Bediensteten des wissenschaftlichen (drei Personen) und des administrativen (fünf Personen) Personals der Universität Graz.[5] Die Interviews wurden im Zeitraum von Jänner bis März 2010 durchgeführt. Der Interviewleitfaden umfasste Fragen zur Pflege-, Erwerbs- und Vereinbarkeitssituation sowie Fragen, die zur Identifikation möglicher Maßnahmen seitens der Arbeitgeberin Universität führen sollten. Alle Befragten waren zum Befragungszeitpunkt in unbefristeter Vollzeitbeschäftigung tätig und hatten ihre Karriereplanung weitgehend abgeschlossen.[6] Sieben von acht InterviewpartnerInnen sind weiblich. Mit Ausnahme einer befragten Bediensteten in der Administration lebten zum Befragungszeitpunkt keine betreuungsbedürftigen Kinder in den Haushalten. In den durchgeführten Interviews wurde deutlich, dass das Sprechen über die Betreuungssituation sehr schwierig ist. Die Schilderungen jener InterviewpartnerInnen, deren familiäre Pflegeverpflichtungen aufgrund des Todes bzw. des Umzuges der/des Angehörigen ins Heim zeitlich bereits zurücklagen, waren weniger belastet und emotional.

2.4 Motivation zur Pflege und Identifikation als „pflegende/r Angehörige/r"

Alle Befragten bewerteten die Betreuung ihrer Angehörigen nicht als „erfüllende Lebensaufgabe". Sie sahen sich plötzlich damit konfrontiert und übernahmen diese Arbeit nur, weil keine anderen Angehörigen (in der Nähe) verfügbar waren. Die Schilderungen der Befragten über den Beginn der Pflege zeigten einen sachlichen, auf faktischen Notwendigkeiten beruhenden Zugang zur Pflegearbeit bei teilweise gleichzeitiger Schilderung emotionaler Belastungen aufgrund des Zustandes der Angehörigen.

Die Befragten konnten den Beginn der Betreuungsbedürftigkeit bei ihren Angehörigen deutlich lokalisieren. Alle berichteten von einem bestimmten Ereignis,

---

[5] Darüber hinaus wurden auch Interviews mit ExpertInnen zum österreichischen Langzeitpflegesystem geführt; vgl. die Beiträge in Kreimer und Meier (2011).
[6] NachwuchswissenschafterInnen bzw. entsprechend jüngere Angestellte in der Administration sind oft (noch) nicht mit der Pflege und Betreuung ihrer (Schwieger-)Eltern konfrontiert.

welches von ihnen als „Bruch" oder „Einbruch" im gesundheitlichen Zustand der Angehörigen bezeichnet wurde und die Betreuungsbedürftigkeit einleitete. Dieses Ereignis konnte eine Herz-Kreislauferkrankung, wie etwa ein (leichter) Herzinfarkt oder Schlaganfall, ein Unfall oder das Ergebnis einer medizinischen Untersuchung sein. Unabhängig vom „Auslöser" der Pflegebedürftigkeit zeigte sich die Überraschtheit der befragten Betroffenen, die die Pflege ihrer Eltern oder Schwiegereltern in ihrer Biografie nicht antizipiert hatten. So etwa erzählt eine befragte Assistenzprofessorin:

> Es war schon klar, dass sie eine Krebserkrankung hat, dass das in Richtung Finalstadium geht, aber dass das so abrupt aufgrund einer Routineuntersuchung passiert, war mir nicht klar [B 3].

Das Erledigen von Einkäufen, das Begleiten bei Arztbesuchen oder punktuelle Hilfeleistungen im Haushalt wurden als selbstverständliche Dienste an einem/einer Familienangehörigen und nicht als eine Betreuungstätigkeit gewertet. Mit der Rolle einer/eines betreuenden Angehörigen identifizierten sie sich erst, als ihnen die irreversible Entwicklung des gesundheitlichen Zustandes der/des Verwandten bewusst wurde und sie diesen akzeptierten. Eine befragte Professorin beschreibt dies folgendermaßen:

> Wo ich auch weiß und das auch so akzeptiert habe: das ist einfach ein Krankheitsbild, das ist nicht eine Phase, wo man mit vielem Üben sie wieder dazu bringen kann, dass sie wieder weiß, was man wann zu tun hat. Das muss man akzeptieren und dann kann man die Rolle vielleicht annehmen [...] [B 6].

Die Identifikation mit der Rolle einer/s Betreuenden ist u. E. die Voraussetzung für die aktive Suche nach der Hilfe und Unterstützung seitens der ArbeitgeberInnen und nach sozialpolitischen Leistungen. Die Ergebnisse der Befragung weisen auf die Schwierigkeiten der Betroffenen hin, aus dem Angebot an Unterstützungsleistungen jene herauszufiltern, die für den individuellen Fall passend gewesen wären. Daher wären u. E. (mehr) einzelfallorientierte Beratungsangebote für pflegende oder die Pflege organisierende Angehörige nötig gewesen. Zum Befragungszeitpunkt nahmen HausärztInnen, wie uns erzählt wurde, einen großen Stellenwert in der Angehörigenberatung ein. Befragte schilderten auch schlechte Erfahrungen mit HausärztInnen, z. B. wenig Erfahrung im Umgang mit hochaltrigen PatientInnen und fehlende geriatrische Kompetenzen. Mobile Dienste, wie die Hauskrankenpflege, wurden von Befragten als sehr unterstützend und hilfreich beurteilt.

Die Vereinbarkeit von Pflegearbeit und Erwerbsarbeit war in dieser hoch qualifizierten Gruppe zum Befragungszeitpunkt eher von der Organisation und dem

Managen von Care-Leistungen geprägt als von selbst ausgeführten Pflegeleistungen. Die Ergebnisse zeigen aber, dass auch die Organisation der Pflege und nicht nur deren Übernahme belastend und kompliziert sein kann, zumal sich die Entwicklung des Zustandes pflegebedürftiger alter Menschen nicht planen lässt.

2.5 Vereinbarkeit von administrativer Tätigkeit und Care

Sämtliche Bedienstete an der Universität Graz haben Anspruch auf Gleitzeitarbeit. Die Anwesenheit des administrativen Personals am Arbeitsplatz ist zu den Kernzeiten erforderlich, um Schalter- und Parteienverkehrszeiten einzuhalten. In Abstimmung mit den Vorgesetzten und in Abhängigkeit vom Arbeitsplatz haben alle Bediensteten die Möglichkeit, ihre Erwerbsarbeitszeiten einzuschränken. Zudem können sie jederzeit Anträge auf (teilweise) Heim- und Telearbeit einbringen; auch diese werden individuell geprüft.

Alle in der Administration tätigen Befragten gaben an, informelle Regelungen zur Vereinbarkeit mit ihren Vorgesetzten treffen zu können und in akuten Notfällen Unterstützung durch KollegInnen zu erhalten. Die informellen Regelungen betrafen zum Befragungszeitpunkt etwa die Möglichkeit der kurzfristigen Abwesenheit vom Arbeitsplatz in Notfällen und das spätere Einholen der versäumten Arbeitszeit. Bei Notfällen während Schalter- oder Parteienverkehrszeiten wurden die Betroffenen spontan von KollegInnen vertreten. Die Befragten betonen jedoch, dass diese informellen Regelungen dem Verständnis und der Unterstützung ihrer unmittelbaren Vorgesetzten und KollegInnen geschuldet und nicht strukturell an der Universität Graz verankert sind. Die befragten Betroffenen im administrativen Bereich, so unsere Beobachtung, ziehen diese informellen Regelungen und Unterstützung im Akutfall einer generellen Arbeitszeiteinschränkung vor. Sie möchten keine Einschränkungen im Einkommen und auch nicht in der Erwerbsarbeit. Alle Befragten gaben an, wie wichtig ihnen die Arbeit an der Universität ist.

Heim- und Telearbeit bietet eine Chance, Betreuung und Erwerbstätigkeit ohne Einschränkung der Arbeitszeiten zu vereinbaren. Sie ist jedoch aufgrund der fehlenden räumlichen Distanz zwischen Erwerbs-, Betreuungsarbeit und Freizeit mit einer Entgrenzung dieser Bereiche auf Kosten der Freizeit verbunden. Die Möglichkeit Tele- und Heimarbeit hängt nicht nur mit dem Arbeitsplatz zusammen, sondern auch mit der Art und Intensität der Betreuungsbedürftigkeit der Angehörigen. Eine Befragte berichtete aus ihren Erfahrungen mit teilweiser Telearbeit:

> Am Abend, habe ich geschaut, dass sie ins Bett kommt, und dann habe ich mich hingesetzt und habe noch zwei, drei Stunden gearbeitet und dann ist es 23 Uhr, manchmal halb 12 geworden, und in der Früh steht man ja doch wieder um fünf, sechs Uhr auf, und es geht 24 Stunden durch und die Arbeit lässt einen nicht los, das ist das Schlimme bei einem Telearbeitsplatz [...]. Man arbeitet im Büro, dann kommt man heim und macht alles Mögliche, dann setzt man sich hin und arbeitet wieder und dann schläft man, steht auf und arbeitet schon wieder. Also man hat keine Freizeit, das ist das Problem, man schaltet nicht ab [B 8].

Telearbeit ist u. E. im Falle der Betreuung von Angehörigen mit Demenzerkrankungen aufgrund des hohen Beaufsichtigungs- und Betreuungsaufwandes kaum möglich. Eher denkbar ist sie bei einer weitgehenden Selbstständigkeit der betreuten Person oder aber bei starken motorischen Einschränkungen, beispielsweise Bettlägerigkeit, die mit planbaren Einsätzen, wie Umlagerungen, einhergehen. Auf jeden Fall sind räumliche Gegebenheiten im Haushalt (ein eigenes Arbeitszimmer) zur Abgrenzung von der Betreuung erforderlich.

Neben der fehlenden räumlichen Distanzierung wurde die Konfrontation mit den psychosozialen Bedürfnissen der pflegebedürftigen Angehörigen von den pflegenden Erwerbstätigen als besonders belastend geschildert. So berichtete eine befragte Sekretärin:

> Jetzt kommst du heim, hast den Kopf auch noch voll mit Sachen und dann wird es oft 18 Uhr, dass ich erst heim fahre und bis ich daheim bin, ist es 19 Uhr und dann: „Mei, du, weißt du, heute ist es mir so schlecht gegangen!" Und das belastet mich schon sehr, und da habe ich ihr schon ein paar Mal gesagt: „Warte jetzt einmal, bis ich richtig herinnen bin!" Na ja und dann ist sie halt grantig und sagt: „Mein Gott, mit wem soll ich sonst reden? Ich kann das ja sonst niemandem erzählen! Das kann ich nur dir sagen und du willst mir ja nicht zuhören" [B 7].

Diese Schilderung illustriert den streng durchorganisierten Tagesablauf, den die Pflege und Betreuung von erwachsenen Verwandten neben einer Vollzeiterwerbstätigkeit – auch bei einer unterstützenden Arbeitgeberin – erfordert. Raum für die Erfüllung eigener Bedürfnisse nach Ruhe oder Freizeitgestaltung bleibt hier nicht.

2.6 Vereinbarkeit von Wissenschaft und Care

Die Arbeitsverträge von WissenschafterInnen lassen mehr Flexibilität zu: Arbeitszeit und Arbeitsort können bei Erreichbarkeit tendenziell frei gestaltet werden, Anwesenheitspflicht am Arbeitsplatz herrscht während der Lehrveranstaltungszeiten oder zu Sprechstunden. Sollte es während dieser Zeiten zu Notfällen infolge der Betreuungsbedürftigkeit der Angehörigen kommen, können versäumte Einheiten laut Angaben der Befragten unproblematisch eingeholt werden. Die Herausforderungen für das wissenschaftliche Personal liegen vor allem in den quantitativ definierten Leistungsanforderungen, insbesondere hinsichtlich Publikationstätigkeit und Tagungsteilnahmen, deren Erfüllung laut Angaben der Befragten mit Arbeitszeiten einhergeht, die das Ausmaß einer Vollzeiterwerbstätigkeit oft weit übersteigen.

In Verbindung mit diesen Leistungsanforderungen ist das wissenschaftliche Personal auch mit Mobilitätsanforderungen (Besuch von internationalen Konferenzen, Lehraufträge und Forschungsaufenthalte im Ausland) konfrontiert, welche die Vereinbarkeit wissenschaftlichen Arbeitens mit einer familiären Betreuung erschweren. Eine befragte Professorin erzählte von einem Notfall während eines beruflichen Auslandsaufenthaltes:

> Ich bin am zweiten Tag dort mit den Kollegen zusammen gesessen, beim Mittagessen und bekomme einen Anruf von der Nachbarin: Der Mutter geht es schlecht, sie hat Bauchschmerzen, sie weiß nicht, was sie mit ihr tun soll. Ich sitze in [Land]. Ja, sie [die Nachbarin] fährt jetzt mit ihr ins Spital und ich weiß, da dauert es oft stundenlang, da kümmert sich keiner, ob die jetzt was zum Trinken haben, aufs Klo müssen oder sonst was haben [...] Wenn ich in Graz bin ist es natürlich klar, dass ich bei so was so rasch wie möglich ins Krankenhaus fahr, um dabei zu sein, um mit den Ärzten zu reden. Das ist jetzt natürlich eine Wahnsinns-Geschichte gewesen: Ich sitze da unten, konnte nicht weg und habe da telefonisch herum organisieren müssen, im Krankenhaus anrufen und so weiter [B 6].

Wenn aufgrund eines Betreuungsfalls in der Familie die von der Arbeitgeberin Universität geforderten Arbeitsleistungen und die hierfür erforderlichen Arbeitszeiten sowie die Flexibilität nicht erbracht werden können, kann sich dies auf die Karriere der Betroffenen auswirken. Aus diesen karrierespezifischen Gründen konnten sich die befragten WissenschafterInnen mit einer fixen Position an der Universität zum Studienzeitpunkt auch keine Arbeitszeiteinschränkungen vorstellen:

> Im Wissenschaftsbereich kann ich mir eine Karriere abschminken, wenn ich in Teilzeit gehe, da fragt keiner nach. Also dienstrechtlich könnte ich schon reduzieren, aber für das was man irgendwie erreichen möchte, das ist im Wissenschaftsbereich sowieso schwierig, aber wenn ich mich irgendwo bewerben würde, fragt keiner, warum ich in der Zeit weniger publiziert habe. [...] Das wäre in meinem Fall, also das wäre indiskutabel, das geht einfach nicht [B 6].

Informelle, wechselseitige Vertretungen durch KollegInnen in Notfällen sind für das wissenschaftliche Personal nicht möglich, weil wissenschaftliche Arbeitsleistungen personenbezogen erfolgen. Auch können plötzlich auftretende Bedürfnisse von pflegebedürftigen Angehörigen die Ruhe und Konzentration, welche die wissenschaftliche Arbeit erfordert, gravierend stören.

Wir glauben, dass die Leistungsanforderungen an das wissenschaftliche Personal stärker zur Tabuisierung einer familiären Betreuungsverpflichtung führen als beim administrativen Personal. Denn die Leistungen der einzelnen WissenschafterInnen fließen in die Beurteilung des gesamten Instituts bzw. der Fakultät mit ein. Insbesondere deshalb könnte das davon Erzählen zur Infragestellung der Leistungsfähigkeit durch KollegInnen und Vorgesetzte führen.

Die Befragten des wissenschaftlichen Personals gaben an, am Arbeitsplatz entweder gar nicht über die Betreuungssituation zu sprechen oder nur in einem sehr eingeschränkten KollegInnenkreis. Als Grund hierfür wurde aber nicht die Furcht vor Karriererückschlägen oder einer zugeschriebenen geringeren Leistungsfähigkeit angegeben, sondern vielmehr, dass das Reden über die pflegebedürftigen Angehörigen als generell belastend empfunden wird und daher besser zu vermeiden sei.

Wiewohl die befragten WissenschafterInnen die Auswirkungen der Angehörigenpflege auf die wissenschaftliche Karriere zum Befragungszeitpunkt generell durchaus wahrnahmen, sahen sie ihre eigene Karriere nicht (oder kaum) davon bedroht. Dass die eigene Karriere durch die Care-Tätigkeit keinem Risiko ausgesetzt ist, wurde einerseits mit der hohen persönlichen Leistung und dem eigenen Engagement argumentiert, andererseits wurde auf das „definitiv gestellte" Dienstverhältnis verwiesen. Eine de facto unkündbare Anstellung erleichtert die Vereinbarkeit von Langzeitpflege und Erwerbsarbeit. Ängste vor dem Verlust des Arbeitsplatzes und damit einhergehende Existenzsorgen seien unbegründet. Die Pragmatisierung ist mittlerweile jedoch ein tendenziell auslaufendes Arbeitsmodell an den österreichischen Universitäten.

Die Erwerbsarbeit dient den Befragten zudem zur Distanzierung von der Pflege der Angehörigen. Die „geistige Arbeit" im Wissenschaftsbereich ist nach Angaben der Betroffenen eine notwendige Ergänzung zur körperlich und psychisch als belastend erlebten familiären Betreuungsarbeit. So berichtete eine befragte Assistenzprofessorin, die die Familienhospizkarenz nach dem Tod ihrer Mutter frühzeitig beendet hatte:

> Ich habe gefürchtet, weil ich noch ein drittes Monat karenziert war und die Kollegin am Institut eine Karenzvertretung hatte. Also ich habe eine ganze [Stelle], und sie hat von halb auf ganz aufstocken können. Da war ich mir nicht sicher, inwieweit das jetzt willkommen ist, dass ich zurück, also frühzeitig zurückkomme. Aber ich bin einfach zurückgekommen, ich habe das einfach gebraucht. [...] Ich habe so nach der geistigen Arbeit gelechzt und dieser ganz normale Institutsbetrieb, in der Früh aufstehen und aufs Institut zu gehen, das war dann unbeschreiblich [B 3].

Die in diesem Zitat verwendeten Begrifflichkeiten des „Lechzens nach der geistigen Arbeit" und des „unbeschreiblichen Gefühls", wieder der Erwerbsarbeit nachgehen zu können, zeigen die enorme Bedeutung, die die berufliche Arbeit für WissenschafterInnen mit familiären Pflegeverpflichtungen aufweisen kann.

2.7 Resümee

Die Arbeitsverhältnisse an der Universität sind im Vergleich zu vielen Organisationen oder Betrieben flexibel, die Spielräume der Beschäftigten hinsichtlich Arbeitszeit und Arbeitsorte sind relativ groß. Dennoch finden sich auch bei den *working carers* an der Universität Graz Herausforderungen und Belastungen wie bei allen Erwerbstätigen, die Angehörige pflegen:

- akute und spontane Konfrontationen mit der Betreuungsbedürftigkeit während der Arbeitszeit (z. B. durch Anrufe von zu Hause)
- permanente Sorge um den Gesundheitszustand der Betreuungsbedürftigen
- Mit-Erleben der Verschlechterung des Zustandes naher Angehöriger, zu denen eine intensive emotionale Bindung herrscht
- ein durchgeplanter Tagesablauf und kein Raum für persönliche Bedürfnisse
- unsichere Zukunft hinsichtlich der Organisation der Pflege und Betreuung im Falle einer Zustandsverschlechterung.

Die Befragten aus dem administrativen Personal sind damit konfrontiert, dass ihre Anwesenheit durch Parteienverkehrs- und Schalterdienstzeiten verpflichtend ist und sie von der Toleranz der unmittelbaren Vorgesetzten abhängen. Letzteren obliegt es, viele relevante Vereinbarkeitsmaßnahmen im Einzelfall zu erlauben. Die befragten WissenschafterInnen wiederum haben faktisch keine Möglichkeit, die Erwerbsarbeitszeit zu reduzieren, sind mit hohen Mobilitäts- und Leistungsanforderungen sowie Karriereeinbußen konfrontiert, die eine familiäre Betreuungsverpflichtung fast immer nach sich zieht.

Die Erwerbsarbeit wird von allen befragten Uni-Bediensteten als wichtiger Ausgleich zur belastenden Betreuung gesehen und als Möglichkeit, Abstand zu gewinnen. Das kann dazu führen, dass selbst dann gearbeitet wird, wenn nicht (mehr) gearbeitet werden soll (wie im Krankenstand oder während der Familienhospizkarenz). Anhand der Befragung wurde auch ersichtlich, dass Erwerbsarbeit vielfach nur dann mit informeller Betreuungsarbeit kombinierbar ist, wenn zusätzliche Betreuungsressourcen zur Verfügung stehen. Hier wird die Bedeutung von sozialpolitischen Maßnahmen wie der Ausbau an (mobilen) professionellen Dienstleistungen und der teilstationären Betreuung evident.

Literatur

Karrer, D. (2009). *Der Umgang mit dementen Angehörigen. Über den Einfluss sozialer Unterschiede*. Wiesbaden: VS Verlag.

Kreimer, M., & Meier, I. (Hrsg.). (2011). *„Die Angehörigen wissen am besten was gut ist." Eine Analyse des Systems der familiären Langzeitpflege und dessen Auswirkungen auf die Lage pflegender Angehöriger*. Graz: Leykam.

Kreimer, M., & Meier, I. (2014). Zwischen permanenter Sorge, mangelnder Freizeit und hohen Leistungsanforderungen: Zur Situation von working carers an der Universität Graz. In E. Appelt, E. Fleischer, & M. Preglau (Hrsg.), *Elder Care. Intersektionelle Analysen der informellen Betreuung und Pflege alter Menschen in Österreich* (S. 131–145). Innsbruck: Studien Verlag.

Mühlmann, R., Truketschitz, B., Schneider, U., & Ponocny, I. (2011). „Vereinbarkeitsproblem 2.0". Die Arbeitsplatzsituation pflegender Angehöriger – Befunde aus Wien auf Basis von VIC2008. In M. Kreimer & I. Meier (Hrsg.), *„Die Angehörigen wissen am besten was gut ist." Eine Analyse des Systems der familiären Langzeitpflege und dessen Auswirkungen auf die Lage pflegender Angehöriger* (S. 115–140). Graz: Leykam.

Pochobradsky, E., Bergmann, F., Brix-Samoylenko, H., Erfkamp, H., & Laub, R. (2005). Situation pflegender Angehöriger. Endbericht. Bundesministerium für soziale Sicherheit, Generationen und Konsumentenschutz. Wien. https://www.sozialministerium.at/cms/site/attachments/9/0/6/CH2247/CMS1229093595174/situation_pflegender_angehoeriger.pdf. Zugegriffen: 6. Juni 2016.

Über die Autorinnen

Margareta Kreimer, Ao. Univ.-Prof. Mag. Dr. Studium der Volkswirtschaftslehre an der Karl-Franzens-Universität Graz. Seit 1991 Assistentin am Institut für Volkswirtschaftslehre an der Universität Graz, Habilitation 2006, seit 2007 Ao. Univ.Prof.[in] am Institut für Volkswirtschaftslehre. 2007 bis 2013 Lehrbeauftragte an der Fachhochschule Joanneum Graz, Studiengang Soziale Arbeit. Forschungsschwerpunkte: Arbeitsmarktökonomik, Gender Gaps am Arbeitsmarkt und Diskriminierung, Feministische Ökonomie und Care Ökonomie, Wirtschafts- und Sozialpolitik.

Isabella Meier, Mag. Dr. Studium der Soziologie an der Karl-Franzens-Universität Graz. Seit 2011 Mitarbeiterin am Europäischen Trainings- und Forschungszentrum für Menschenrechte und Demokratie. Von 2009 bis 2015 wissenschaftliche Mitarbeiterin an der Karl-Franzens Universität Graz und an der Medizinischen Universität Graz. Von 2007 bis 2015 Lehrbeauftragte an der Karl-Franzens Universität Graz. Forschungsschwerpunkte: soziale Ungleichheit, Grundrechte, Altern und Gestaltung des Lebensendes, Geschlechterforschung, Langzeitpflege.

Vereinbarkeitsfördernde Personalpolitik

Am Beispiel der Caritas der Diözese Graz-Seckau

Gerhild Hirzberger

3.1 Einleitung

Bestrebungen der Vereinbarkeit von Beruf und Familie dürfen sich vonseiten der ArbeitgeberInnen nicht nur auf den Bereich der Kinderbetreuung beschränken, sondern müssen auch den Bereich der Betreuung älterer Menschen berücksichtigen. Der vorliegende Beitrag gibt Einblick in eine Fragebogenerhebung, die im Frühjahr 2014 im Rahmen einer Masterarbeit durchgeführt wurde (siehe Hirzberger 2015). Übergeordnetes Ziel war es, Einblick in die Situation jener Caritas-Beschäftigten zu gewinnen, die ihre älteren Angehörigen betreuen, und Möglichkeiten zu ihrer Unterstützung sowohl Caritas intern als auch sozialpolitisch aufzuzeigen. Ist die Vereinbarkeit von Berufsarbeit und Betreuung älterer Angehöriger für die gesamt 1433 Beschäftigten (Stand: 2014) überhaupt ein Thema? Wer sind diese betreuenden Angehörigen und welche unterstützenden Tätigkeiten übernehmen sie? Was sind ihre Belastungen und welche Angebote zur Unterstützung kennen und nutzen sie? Wie kann eine vereinbarkeitsfördernde Personalpolitik für diese MitarbeiterInnen seitens der Caritas aussehen? Die Autorin ist davon überzeugt, dass eine vereinbarkeitsfördernde Personalpolitik vermehrt die Verpflichtung der MitarbeiterInnen zur familiären Altenbetreuung berücksichtigen muss (vgl. Maierhofer 2011, S. 19).

G. Hirzberger (✉)
Frohnleiten, Österreich
E-Mail: Hirzberger.frohnleiten@aon.at

© Springer Fachmedien Wiesbaden GmbH 2017
J. Spiegl (Hrsg.), *Vereinbarkeit von Beruf und familiären Sorgepflichten*,
DOI 10.1007/978-3-658-14575-0_3

3.2 Betreuende Angehörige

Wie Kreimer und Meier in ihrem Beitrag in diesem Sammelband ausführen, gestaltet sich die Betreuung von älteren Angehörigen anders als die Betreuung von Kindern. Zum einen ist sie nicht planbar und es kommt im Laufe der Zeit eher zu einer Zunahme des Unterstützungsbedarfes denn zu einer Abnahme, zum anderen wird die psychische Belastung seitens der Betreuenden als sehr hoch erlebt. Viele Betreuende älterer Menschen verschweigen ihren ArbeitgeberInnen und ArbeitskollegInnen ihre Betreuungstätigkeit. Ein Grund mit hierfür ist, dass die Betreuung älterer Menschen noch stärker tabuisiert ist als die von Kindern, da zu den seltenen Erfolgserlebnissen noch die Angst kommt, durch die Betreuungstätigkeit den beruflichen Anforderungen nicht mehr gerecht zu werden (siehe Kreimer und Meier in diesem Band).

Die Übernahme der Betreuung älterer Angehöriger geschieht oft aus einer Selbstverständlichkeit heraus. Die Familienangehörigen, vor allem die weiblichen, sehen sich dazu verpflichtet, viele machen es aus Liebe oder Dankbarkeit (vgl. Hörl 2009, S. 376). Die Rollenübernahme geht dabei oft schleichend vor sich: Zu Beginn sind es nur kleine Einkäufe, die erledigt werden. Nehmen die Tätigkeiten zu und verschlechtert sich der Gesundheitszustand der zu betreuenden Person, erkennen die Angehörigen oft erst, dass sie die Rolle der/des betreuenden Angehörigen bereits eingenommen haben (vgl. Meier 2011, S. 148). Diese Bewusstwerdung und Benennung der eigenen Rolle können ein erster Schritt aus der Belastung sein, denn die Selbstverständlichkeit dieser Rollenübernahme wird hinterfragt und Möglichkeiten der Entlastung können angedacht werden.

3.3 Informell Betreuende in der Caritas: eine Fragebogenerhebung

Die Vereinbarkeit von Erwerbsarbeit und der familiären Betreuung älterer Angehöriger ist ein noch wenig beforschtes Feld. Das gilt im Speziellen auch für die davon betroffenen MitarbeiterInnen der Caritas der Diözese Graz-Seckau. Mithilfe eines selbst entwickelten Fragebogens wurde von der Autorin im Jahr 2014 eine quantitative Querschnittstudie unter den Beschäftigten der Caritas Diözese Graz-Seckau durchgeführt. Der Fragebogen wurde mit einem Begleitschreiben den monatlichen Caritas-News beigelegt und an die zum damaligen Zeitpunkt 1433 Beschäftigten ausgeschickt. Nur 35 Fragebögen wurden ausgefüllt retourniert, das entsprach 2,44 % aller Beschäftigten in der Caritas. 28 Fragebögen wurden von Frauen (2,41 % der beschäftigten Frauen) und 7 von Männern (2,59 % der beschäftigten Männer) beantwortet. Trotz der geringen Rücklaufquote[1] geht die Autorin davon aus, dass die Befragung in der Caritas einen ersten Einblick in die Situation der betroffenen informell Betreuenden gibt und gewisse Tendenzen der Vereinbarkeit von Berufsarbeit mit der familiären Betreuung älterer Menschen erkennen lässt, die zum einen in der Literatur zu finden sind, aber auch die persönlichen Erfahrungen der Verfasserin in der SeniorInnen- und Angehörigenberatung bestätigen.

3.3.1 Alter, Geschlecht und Verwandtschaftsverhältnis der informell Betreuenden

Das durchschnittliche Alter der befragten Betreuungspersonen liegt in der Altersgruppe der 41- bis 50-Jährigen. Die größte absolute Häufigkeit liegt aber in der Altersgruppe der 51- bis 60-Jährigen. Zusammengefasst befinden sich 77,1 % der Befragten in der Altersgruppe von 41 bis 60 Jahren. Wenn das Durchschnittsalter der Beschäftigten in der Caritas herangezogen wird – die durchschnittliche Beschäftigte ist, wie regelmäßig intern durchgeführte Statistiken zeigen, weiblich und 40,32 Jahre alt –, kann der Schluss gezogen werden, dass in Zukunft mehr Beschäftigte von der Herausforderung der Vereinbarkeit von Familie und Betreuungstätigkeit betroffen sein werden. Dafür spricht auch der gesamt hohe Frauenanteil in der Caritas (ca. 81 %). Von den befragten Frauen sind 51,4 % Töchter und 14,3 % Schwiegertöchter und von den Männern drei Schwiegersöhne und zwei Söhne der zu betreuenden Person. Die Betreuenden sind durchschnittlich 28,95 h in der Caritas beschäftigt, d. h., sie gehen einer Teilzeitbeschäftigung nach. Dies entspricht dem durchschnittlichen Beschäftigungsausmaß einer Caritas-Mitarbeiterin/eines Caritas-Mitarbeiters.

3.3.2 Betreuungssituation

Die Fragebogenerhebung ergab ein *hohes Durchschnittsalter* der Betreuten mit 81 bis 90 Jahren. 51,4 % der Betreuten wohnten zum Befragungszeitpunkt im gleichen Haus wie die sie betreuenden Caritas-MitarbeiterInnen und von diesen

---

[1]Diese geringe Rücklaufquote kann nicht eindeutig erklärt werden. In der Studie „Situation pflegender Angehöriger" (Pochobradsky et al. 2005) wird davon ausgegangen, dass 30 % der betreuenden Angehörigen berufstätig sind (vgl. ebd., S. 19). Es besteht die Annahme, dass die Zahl der Betroffenen in der Caritas eine höhere ist.

51,4 % sogar 31,4 % im gleichen Haushalt. Bei der Frage nach den *Gründen, die Betreuung zu übernehmen,* waren Mehrfachnennungen möglich. Am häufigsten genannt wurde die Variable „Selbstverständlichkeit", gefolgt vom „Gefühl der Verpflichtung" und auch dem „Anliegen, die Betreuung zu übernehmen". In der Studie „Situation pflegender Angehöriger" sind es desgleichen vor allem die „Töchter" der Betreuten, die Selbstverständlichkeit und Pflichtgefühl als Motivation für die Betreuungsübernahme ins Treffen führen (vgl. Pochobradsky et al. 2005, S. 14). Die durchschnittliche, zum Zeitpunkt der Fragebogenerhebung bereits geleistete Betreuungsdauer betrug 5,29 Jahre.

Von den 35 Personen, die betreut werden, bezogen zum Befragungszeitpunkt zehn Personen kein *Pflegegeld.*[2] Pflegegeld der Pflegestufe 2 wurde am häufigsten, und zwar von sieben befragten Personen bezogen. *Betreuungsdauer und -intensität* konnten von den befragten Caritas-MitarbeiterInnen schwer mit Zahlen festgemacht werden[3]. Bei der Frage, wie viele Stunden durchschnittlich betreut werden, konnten daher aus den Antworten keine validen Daten gezogen werden. Bezüglich der Häufigkeit der Betreuung gaben fünfzehn Personen an, täglich zu betreuen, zwölf Personen tun dies wöchentlich und fünf Personen einmal im Monat.[4]

3.3.3 Belastungen

Unterstützt werden die Befragten vor allem im *sozial-emotionalen* Bereich, den sie zum Befragungszeitpunkt auch als größte Belastung empfanden – 57,1 % der Betreuenden wünschten sich hier noch mehr Hilfe von außen, gefolgt von Unterstützungsangeboten im Bereich *Mobilität,* der von den Befragten als geringste Belastung erlebt wird. Als sehr belastend wurde die *psychische Beanspruchung* (85,7 %) bewertet, gefolgt von *Zeitknappheit* und *ständiger telefonischer Erreichbarkeit.* 34,3 % der Betreuenden fühlten sich zum Befragungszeitpunkt *alleine zuständig,* obwohl zu 48,6 % die Herkunftsfamilie und die eigene Familie als an

---

[2]Das kann auf den erschwerten Zugang zur Pflegestufe 1 mit Erhöhung des Pflegebedarfes von 50 auf 60 h zurückgeführt werden.

[3]Meiner Erfahrung nach beginnen viele Unterstützungen schleichend, steigern und verändern sich und sind daher auch schwer messbar. Durch die Nähe in der Betreuungssituation kann der Zeitaufwand schwer abgeschätzt werden.

[4]Da die Hälfte der Betreuten im gleichen Haus wohnt, sind diese Zahlen nachvollziehbar. Die Nähe zur Betreuungsperson bedingt, dass Hilfe öfter in Anspruch genommen wird.

der Betreuung beteiligt genannt wurden und auch keine/r der Betreuenden angab, mit niemandem darüber reden zu können. Nur zwei Personen waren zum Zeitpunkt der Befragung de facto alleine für die Betreuung ihres/ihrer Angehörigen verantwortlich.

3.3.4 Entlastungsmöglichkeiten

Professionelle Unterstützung durch *Hausärztinnen und -ärzte* wird von den Befragten am häufigsten genutzt. Hausärztinnen und -ärzte unterstützen medizinisch, informieren aber auch über mögliche Unterstützungsleistungen (vgl. dazu auch Pochobradsky et al. 2005, S. 41) und decken damit das noch nicht flächendeckend vorhandene Netz von Beratungsstellen ab. An zweiter Stelle der in Anspruch genommenen Unterstützungsangebote wurden von den Befragten *Mobile Dienste* genannt.[5] Am wenigsten genutzt werden *Tagesbetreuung* und *Kurzzeitpflege*, diese Möglichkeiten sind auch in der sozialpolitischen Landschaft noch sehr marginal vorhanden.

Wird das Wissen um finanzielle/soziale Unterstützungsmöglichkeiten der tatsächlichen Nutzung gegenübergestellt, fällt auf, dass nur das *Pflegegeld* als Leistung für Menschen mit Betreuungsbedarf in größerem Maß genutzt wird. *Finanzielle Zuwendungen* für die betreuenden Personen wie „Weiter- oder Selbstversicherung bei Pflege naher Angehöriger", „Zuwendung bei Urlaub oder Krankheit der Betreuungsperson" sind weniger bekannt und werden fast gar nicht genutzt.[6]

3.3.5 Vereinbarkeit von Beruf und Betreuungstätigkeit

Generell wurde von den befragten Betreuenden angegeben, dass die informelle Betreuungsarbeit meistens gut mit dem Beruf vereinbar ist und fast nie negative Auswirkungen auf den Beruf hat. Das Stundenausmaß der Beschäftigung

---

[5]Die Inanspruchnahme von Mobilen Diensten erfolgt meiner Erfahrung nach in den unteren Pflegegeldstufen deutlich seltener und ist aufgrund der hohen Kosten – Pflegegeld kann hierfür nur als eine Art Zuschuss gesehen werden – kaum leistbar.
[6]Ein weiterer Grund für die geringe Inanspruchnahme letztgenannter Unterstützungsmöglichkeiten könnte meiner Erfahrung nach sein, dass eine Ersatzpflege schwer zu organisieren ist.

blieb bei einem Großteil der Befragten konstant, nur ein Viertel reduzierte. Hier gilt zu berücksichtigen, dass, wie schon vorne erwähnt, die durchschnittliche Beschäftigte in der Caritas weiblich ist, im Bereich Betreuung und Pflege Teilzeit arbeitet und eine Reduktion der Arbeitsstunden für viele deshalb nicht infrage kommt. Von einem Drittel der Betreuenden wurde zum Befragungszeitpunkt die Möglichkeit einer flexiblen Arbeitszeitgestaltung in Anspruch genommen. Flexible Arbeitszeitgestaltung ist eine gute Möglichkeit, um auf unvorhergesehene Ereignisse in der Betreuung reagieren zu können. Im Forschungsbericht „Arbeitsplatz- und Tätigkeitsmerkmale" wird flexible Arbeitszeitgestaltung als wichtig für die nötige Umschichtung des Zeitbudgets genannt (vgl. Trukeschitz et al. 2009, S. 39 ff.).

Als innerbetriebliche Maßnahme zur Entlastung konnten sich zehn befragte Personen vorstellen, ihre Arbeitszeit zu reduzieren und damit eine finanzielle Schlechterstellung in Kauf zu nehmen. Elf Personen konnten sich vorstellen, für die Vereinbarkeit ihre Arbeitszeit flexibel zu gestalten. Die Hälfte der Befragten, die zum Befragungszeitpunkt noch keinen Mobilen Dienst nutzten, konnte sich diesen als Unterstützungsmöglichkeit vorstellen. 23 Personen gaben bei der Frage nach der Nutzung professioneller Unterstützung an, noch nie einen Mobilen Dienst in Anspruch genommen zu haben.[7] Jeweils ein Viertel würde Tagesbetreuung und/oder Angehörigenberatung als Entlastung in Erwägung ziehen.

3.3.6 Schlussfolgerungen aus der Fragebogenerhebung

Aus der Fragebogenerhebung können für MitarbeiterInnen in der Caritas der Diözese Graz-Seckau gewisse Tendenzen im Zusammenhang mit der Vereinbarkeit von Berufsarbeit und Betreuung älterer Angehöriger abgeleitet werden.

Betreuung ist weiblich, ältere Beschäftigte sind eher betroffen
Die Gruppe der informell Betreuenden – das sind zumeist Frauen – findet sich in der Caritas vor allem in der Altersgruppe der 51- bis 60-Jährigen. Ab 40 Jahren steigt die Möglichkeit, ältere Familienangehörige, v. a. die eigene Mutter, betreuen zu müssen.

---

[7]Ein Problem der seltenen Inanspruchnahme ist sicher, dass Mobile Dienste nicht immer den Bedarf der betroffenen Menschen abdecken. Durch begrenzte Dienst- und Einsatzzeiten – notwendig wäre vor allem eine mehrstündige Betreuung – wird nicht den Bedürfnissen der Entlastung von betreuenden Angehörigen Rechnung getragen.

3   Vereinbarkeitsfördernde Personalpolitik

Betreuung findet im nahen Umfeld statt
Die Hälfte der Betreuten wohnt im gleichen Haus. 90 % der Betreuungspersonen leben in einer Partnerschaft und fast die Hälfte der Herkunftsfamilie bzw. der eigenen Familie ist an der Betreuung beteiligt.

Hochaltrige Angehörige brauchen eher Betreuung, die Unterstützung beginnt vor Bezug eines Pflegegeldes
Die Betreuten sind zumeist 86 bis 90 Jahre alt, gefolgt von der Gruppe der 81- bis 85-Jährigen. Die Unterstützung erfolgt, noch bevor Pflegegeld bezogen wird. 28,6 % beziehen kein Pflegegeld, 20 % beziehen nur Pflegegeld der Pflegestufe 2.

Beteiligung an der Betreuung und Nutzung von Unterstützungsmöglichkeiten
Sowohl die Herkunftsfamilie als auch die eigene Familie sind am häufigsten an der Betreuung beteiligt, professionelle Unterstützung wird mit Abstand zumeist von den HausärztInnen eingeholt, danach folgt die Unterstützung durch Mobile Dienste. Weitere professionelle Unterstützungsangebote werden kaum genutzt.

Psychische Beanspruchung
Die Unterstützung der älteren Menschen im sozio-emotionalen Bereich ist sehr hoch, was von den Betreuenden auch als die größte Belastung bezeichnet wird. Folglich wird die eigene psychische Beanspruchung am häufigsten thematisiert. Bessere Entlastung wird hier mehrheitlich gewünscht.

3.3.7   Weitere wichtige Schlussfolgerungen

Betreuung ist zunehmend auch männlich
Betreuungsaufgaben scheinen auch bei den beschäftigten Männern zu steigen. Ich gründe diese Annahme darauf, dass 2,41 % der gesamt 1163 beschäftigten Frauen und 2,59 % der 270 bei der Caritas beschäftigten Männer den Fragebogen beantwortet haben. Die Annahme, dass Betreuung nur weiblich ist, bestätigt sich hier m. E. nicht.

Teilzeitbeschäftigung hilft, aber kaum Erholungsphasen
Die Betreuung ist meist gut mit dem Beruf vereinbar – wobei hier zu bedenken ist, dass viele Beschäftigte Frauen sind, die einer Teilzeitbeschäftigung nachgehen. Am ehesten wird zu wenig Freizeit genannt, was auf Dauer belastend sein kann, wenn zu wenige Erholungsphasen möglich sind.

Flexible Arbeitszeitgestaltung entlastet
Flexible Arbeitszeitgestaltung wird als Möglichkeit der Entlastung in Anspruch genommen oder als eine der ersten weiteren vorstellbaren Maßnahmen zur Entlastung genannt. Vorstellbar sind auch die Nutzung mobiler Dienste, Angehörigenberatung und Tagesbetreuung.

3.4 Empfehlungen für die Caritas

Um den Spagat zwischen einem Familienleben, das auch die Betreuung älterer Angehöriger umfasst, einerseits und dem Berufsleben andererseits zu bewältigen, braucht es betriebliche Rahmenbedingungen, die die Vereinbarkeit unterstützen. Eine Personalpolitik, die vereinbarkeitsfördernd agiert, muss auf MitarbeiterInnen achten, die ihren Beruf mit der Betreuung ihrer älteren Angehörigen vereinbaren wollen und müssen. Beratungs- und Entlastungsgespräche können schon in einem frühen Stadium der Betreuung von den MitarbeiterInnen als eine Möglichkeit der Reflexion der Betreuungssituation genutzt werden und so einer Überlastung vorbeugen (vgl. Hörl et al. 2009, S. 516). Zudem gilt es, die vielfältigen Angebote der Caritas im Bereich Betreuung und Pflege auch vermehrt intern nutzbar zu machen.

Daraus resultieren folgende Empfehlungen für die Caritas:

- Schon beim Aufnahmegespräch könnte kommuniziert werden, dass bei Wunsch die Vereinbarkeit von Betreuung von Angehörigen und Berufsausübung thematisiert werden kann. Auch bei den regelmäßigen MitarbeiterInnengesprächen kann dies als möglicher Besprechungspunkt angeführt werden.
- Im Intranet der Caritas könnte ein Forum für betreuende Angehörige eingerichtet werden, das für Fragen und zum Austausch zur Verfügung steht.
- Es könnte ein interner Pool von Fachkräften, wie PsychologInnen, SozialarbeiterInnen, diplomiertes Gesundheits- und Krankenpflegepersonal und weitere andere Berufsgruppen als Ansprechpartner für betreuende Beschäftigte zur Unterstützung angeboten werden.
- Weiters können Möglichkeiten der psychosozialen Unterstützung durch Klinische und Gesundheits-PsychologInnen, die im Bereich Senioren- und Pflegewohnhaus beschäftigt sind, geschaffen werden.
- Kurzzeitplätze in den Senioren- und Pflegewohnhäusern für betreute Angehörige der Beschäftigten könnten zur Verfügung gestellt werden.
- Tagesbetreuung für ältere Menschen im neuen Haus der Caritas in Graz könnte als zusätzliche Möglichkeit zur Kinderbetreuung angeboten werden.

- Um eine bessere Nutzung zu ermöglichen, müssten die Angehörigenberatung und Beratung zur Wohnraumanpassung intern noch mehr publik gemacht werden.
- Eine bessere und umfassendere Information und Unterstützung in Bezug auf die Inanspruchnahme von Pflegeteilzeit und Pflegekarenz sowie Familienhospizkarenz soll ermöglicht werden.
- „Stammtische" zum Austausch und zur Information für betreuende Angehörige könnten eingeführt und Infoveranstaltungen zu relevanten Themen durchgeführt werden.

Die Empfehlungen stützen sich auf die Belastungen und auf mögliche Entlastungen, die die betreuenden Angehörigen in der Studie genannt haben. Die Vorschläge rekrutieren sich aus den vorhandenen Ressourcen und Strukturen der Caritas und sollen eine Diskussionsgrundlage für die Entwicklung entsprechender Maßnahmen für die Vereinbarkeit von Berufsarbeit in der Caritas mit der Betreuung von älteren Angehörigen sein.

3.5 Sozialpolitische Forderungen

Zusammenfassend werden nun sozialpolitische Forderungen angeführt, die über die Vereinbarkeit von Berufsarbeit und Betreuung älterer Menschen hinausgehen:

Regionales Case-Management einschließlich psychosozialer Angebote
Gerade hochaltrige Menschen, deren Zahl in Zukunft stark steigen wird, haben einen vielfältigen Bedarf an Betreuung und Pflege. Unerlässlich sind deshalb eine ganzheitliche Unterstützung und vor allem in Krisensituationen ein Gesamtpaket, das koordiniert und rasch zur Verfügung gestellt werden kann (vgl. dazu auch Rappold et al. 2009, S. 398).

Bundesweit einheitliche Standards für Altenbetreuung
Diese sind notwendig, weil zum einen die Zuständigkeit der Länder für die Sozialpolitik und eigene Landesgesetze sehr unterschiedliche Standards für die Betreuung in Österreich ergeben (vgl. ebd., S. 411), zum anderen der ganzheitliche Zugang zur Altenbetreuung durch die strikte rechtliche Trennung in Gesundheits- und Sozialgesetze mit unterschiedlicher Zuständigkeit von Bund oder Land erschwert ist (vgl. Ganner 2009, S. 445).

Flächendeckende mehrstündige Betreuung für zu Hause
Es mangelt an regelmäßiger mehrstündiger Entlastung für betreuende und auch berufstätige Angehörige, die niederschwellig angeboten wird und auch finanzierbar ist (vgl. Pochobradsky et al. 2005, S. 69). Das Modell der Pflegeentlastung, wie es die Caritas punktuell anbietet, könnte hier m. E. eine Vorreiterrolle spielen.

Ausbau der Tagesbetreuung in den Regionen
Denkbar wäre auch, die Standorte der Pflegeheime oder Standorte des betreuten Wohnens für eine Tagesbetreuung in den Regionen zu nutzen. Informelle Hauptbetreuungspersonen, insbesondere wenn diese berufstätig sind, könnten so vor Ort Hilfe erfahren.

Begutachtung durch Pflegepersonal bei der Grundeinstufung zum Pflegegeld
Die Pflegegeldeinstufung sollte sich meines Erachtens mehr am psychosozialen Bereich orientieren, da dieser mehr Belastungen mit sich bringt als die medizinisch-pflegerischen Bereiche (vgl. ebd. 2005, S. 64). Derzeit (Stand 2014) ist die Begutachtung durch Pflegepersonal für eine Höherstufung erst ab Pflegestufe 4 möglich.

Pflegefreistellung für die Betreuung von älteren Menschen
Eine solche sollte auch dann möglich sein, wenn der/die Betreute nicht im gleichen Haushalt wohnt, um nicht planbaren Unterstützungsleistungen wie einem spontanen Arztbesuch oder einer plötzlichen gesundheitlichen Verschlechterung adäquat begegnen zu können.

3.6 Resümee

Vielfältige flexible Dienste und Einrichtungen wie die mehrstündige Betreuung zu Hause, das Angebot einer Tages- und Kurzzeitbetreuung und vor allem frühzeitige Beratung und Unterstützung für ältere Menschen und deren Angehörige wären ein großer Schritt, um die Vereinbarkeit von Berufsarbeit und familiärer Betreuung älterer Menschen für MitarbeiterInnen der Caritas der Diözese Graz-Seckau zu erleichtern. Denn: Letztendlich geht es um ein Miteinander der Generationen. Informelle Betreuung benötigt aber auch Unterstützung durch sozialpolitische Maßnahmen. In der Sozialpolitik gibt es einige Lücken, die dringend – schon allein aufgrund der demografischen Entwicklung – angesprochen werden müssen. Bei den Maßnahmen zur Vereinbarkeit standen in letzter Zeit eher die finanziellen Zuwendungen im Vordergrund – Beispiel Pflegekarenz und

Pflegeteilzeit –, Sachleistungen haben sich kaum weiterentwickelt. Mehr Dienstleistungsangebote müssen für die speziellen Bedürfnisse der betreuenden Angehörigen zur Verfügung stehen.

Der Nachholbedarf im Altenbereich und Vorschläge für zusätzliche Angebote und Leistungen wurden bereits vor einem knappen Jahrzehnt in der Studie „Situation pflegender Angehöriger" (Pochobradsky et al. 2005) thematisiert. Fehlende Angebote und Leistungen in diesem Bereich finden sich auch in der Studie der Universität Graz (siehe Kreimer et al. 2009). Beide Studien lassen auf die Bedeutung des Themas in der österreichischen Sozialpolitik schließen.

Literatur

Ganner, M. (2009). Rechtliche Aspekte. In Bundesministerium für Arbeit, Soziales und Konsumentenschutz (Hrsg.), *Hochaltrigkeit in Österreich. Eine Bestandsaufnahme* (S. 445–464). Wien. https://www.sozialministerium.at/cms/site/attachments/8/5/7/CH2233/CMS1218112881779/hochaltrigen_kleine_datei.pdf. Zugegriffen: 6. Juni 2016.

Hirzberger, G. (2015). *Vereinbarkeit von Berufsarbeit mit familiärer Betreuung älterer Menschen am Beispiel der Caritas der Diözese Graz-Seckau als Arbeitgeberin.* Saarbrücken: AV Akademikerverlag.

Hörl, J. (2009). Pflege und Betreuung I, Informelle Pflege. In Bundesministerium für Arbeit, Soziales und Konsumentenschutz (Hrsg.), *Hochaltrigkeit in Österreich. Eine Bestandsaufnahme* (S. 363–384). Wien. https://www.sozialministerium.at/cms/site/attachments/8/5/7/CH2233/CMS1218112881779/hochaltrigen_kleine_datei.pdf. Zugegriffen: 6. Juni 2016.

Hörl, J., Kolland, F., & Majce, G. (2009). Handlungs- und Forschungsempfehlungen. In Bundesministerium für Arbeit, Soziales und Konsumentenschutz (Hrsg.), *Hochaltrigkeit in Österreich. Eine Bestandsaufnahme* (S. 501–523). Wien. https://www.sozialministerium.at/cms/site/attachments/8/5/7/CH2233/CMS1218112881779/hochaltrigen_kleine_datei.pdf. Zugegriffen: 6. Juni 2016.

Kreimer, M., Meier, I., & Sträußlberger, M. (2009). *Die Vereinbarkeit familiärer Altenbetreuung mit Erwerbsarbeit im Kontext der österreichischen Pflegepolitik. Eine Analyse am Beispiel der Universität Graz als Arbeitgeberin.* Projektbericht Uni Graz.

Maierhofer, R. (2011). Altwerden oder Jungsterben. Kulturwissenschaftliche Überlegungen zum Thema pflegende Angehörige. In M. Kreimer & I. Meier (Hrsg.), *Die Angehörigen wissen am besten was gut ist. Eine Analyse des Systems der familiären Langzeitpflege und dessen Auswirkungen auf die Lage pflegender Angehöriger* (S. 39–58). Graz: Leykam.

Meier, I. (2011). Zwischen permanenter Sorge, mangelnder Freizeit und hohen Leistungsanforderungen. Erwerbstätige an der Universität Graz mit familiären Altenbetreuungsverpflichtungen. In M. Kreimer & I. Meier (Hrsg.), *Die Angehörigen wissen am besten was gut ist. Eine Analyse des Systems der familiären Langzeitpflege und dessen Auswirkungen auf die Lage pflegender Angehöriger* (S. 141–171). Graz: Leykam.

Pochobradsky, E., Bergmann, F., Brix-Samoylenko, H., Erfkamp, H., & Laub, R. (2005). *Situation pflegender Angehöriger. Endbericht.* Bundesministerium für soziale Sicherheit, Generationen und Konsumentenschutz. Wien. https://www.sozialministerium.at/cms/site/attachments/9/0/6/CH2247/CMS1229093595174/situation_pflegender_angehoeriger.pdf. Zugegriffen: 6. Juni 2016.

Rappold, E., Nagl-Cupal, M., Dolhaniuk, I., & Seidl, E. (2009). Pflege und Betreuung II: Die formelle ambulante Pflege. In Bundesministerium für Arbeit, Soziales und Konsumentenschutz (Hrsg.), *Hochaltrigkeit in Österreich. Eine Bestandsaufnahme* (S. 387–428). Wien. https://www.sozialministerium.at/cms/site/attachments/8/5/7/CH2233/CMS1218112881779/hochaltrigen_kleine_datei.pdf. Zugegriffen: 6. Juni 2016.

Trukeschitz, B., Mühlmann, R., Schneider, U., Ponocny, I., & Österle, A. (2009). *Arbeitsplätze und Tätigkeitsmerkmale berufstätiger pflegender Angehöriger.* Forschungsinstitut Altersökonomie. Wien. http://epub.wu.ac.at/680/1/document.pdf. Zugegriffen: 6. Juni 2016.

Über die Autorin

Gerhild Hirzberger, MA Ausbildung zur Fachsozialbetreuerin Altenarbeit und Absolventin des Masterlehrgangs Interdisziplinäre Gerontologie. Seit 2010 bei der Caritas der Diözese Graz-Seckau für die SeniorInnen- und Angehörigenberatung in den Arbeitsfeldern Beratungs- und Entlastungsgespräche, Vorträge und Informationsveranstaltungen tätig. Als Hospiz- und Palliative Care-Verantwortliche zuständig für die Umsetzung des Prozesses Hospiz und Palliative Care im Pflegeheim in den Senioren- und Pflegewohnhäusern der Caritas der Diözese Graz-Seckau (Koordination, Begleitung der Häuser und Schulung).

Die Vernunft der Fürsorge

Oder: was wir alle von Müttern lernen können

Ramela Skrijelj-Mehmedovic

„We are all-equally-some mother's child" der Philosophin Eva Feder Kitay bedeutet für mich, dass Fürsorge so alt ist wie die Menschheitsgeschichte. Fürsorge verstehe ich in Anlehnung an Ansätze der Care-Ethik als etwas, das Überleben sichert und Leben bewahrt. Fürsorge ist eine historisch gewachsene Erfahrung, die meist von Frauen durch ihre versorgenden Tätigkeiten ausgeübt wird. Sie übernehmen nach der Geburtsarbeit das, was Frauen aus biologischen Gründen zusteht – auch meist die Fürsorgearbeit, welche nicht biologisch determiniert ist. Letzteres wollen wir uns genauer ansehen.

Meist denken wir an ein mütterliches Ideal, wenn wir von Fürsorge reden, das von altruistischen Gefühlen geprägt ist. Müttern ist ein eigener Feiertag gewidmet, berühmte Begriffe wie „Mutterliebe" und „Müttergefühle" scheinen sehr aufgeladen und eine große Bedeutung zu haben und sagen doch so wenig aus. Was ist eine an Liebe orientierte Tätigkeit, die sich spätestens dann anfängt auszuformen, wenn eine Frau ein Kind erwartet? In den neun Monaten der Schwangerschaft hat sie Zeit, sich auf die Versorgung des Babys einzustellen und vorzubereiten. Ist das Kind schließlich auf der Welt, ist es angewiesen auf die mütterliche Fürsorge. Aus einem Instinkt heraus scheint sie, die Mutter, zu wissen, was ihr Baby braucht und was das Beste für es ist. Sie übernimmt die Verantwortung für das Kind, und wie das Kind wächst, wachsen auch ihr Fürsorge-Vermögen und ihr mütterliches

---

R. Skrijelj-Mehmedovic (✉)
Leoben, Österreich
E-Mail: ramela.skrijelj@edu.uni-graz.at

Denken in einem dynamischen Prozess mit dem Kind. Das Handeln ist stark von Gefühlen geleitet, doch sollten diese nicht unreflektiert sein bzw. bleiben, zumal solch eine Beziehung, in der ein Teil stark auf den anderen angewiesen ist, oft von ambivalenten Gefühlen geprägt ist. Sara Ruddick betont bei der mütterlichen Tätigkeit die Einheit von Vernunft und Emotionen und sieht in reflektierten Gefühlen eine schwierige Errungenschaft der Vernunft (vgl. Ruddick 1993, S. 64).

Wie sich wer um wen kümmert oder für jemanden sorgt, scheint sehr persönlich und privat zu sein. Mit der Glorifizierung mütterlichen Sorgens geht eine Tabuisierung einher, da Fürsorge vielen zu privat für die Öffentlichkeit ist. Sorgetätigkeiten und Verpflichtungen werden nur vorsichtig besprochen, ob mit und unter anderen Eltern oder innerhalb von Familien, nämlich im Angesicht der Pflege von Alten und Kranken, um die sich Pflegerinnen kümmern. Sorgearbeit betrifft irgendwie jede/n, mehr oder weniger, und kostet dementsprechend mehr oder weniger. Es ist ein schwieriges Thema, von dem man mehr redet, wie es zu managen, zu organisieren oder zu delegieren ist und was es kostet. Es scheint etwas zu sein, das im Leben zu überwinden oder zu vermeiden ist. Viele betrifft es scheinbar gar nicht. Manchmal erscheint es mir, dass Menschen um Worte ringen, wenn sie darüber zu sprechen versuchen.

4.1 Verdienste feministischer Forschung

Während FeministInnen sich in ihren Emanzipationsbestrebungen mit der dafür notwendigen Unabhängigkeit beschäftigten, kam in der Philosophie eine eher der weiblichen Lebenserfahrung zuzuschreibende Haltung bei psychologischen Untersuchungen zur moralischen Urteilsfindung zur Diskussion. Mädchen argumentierten in ihren Überlegungen aus der sogenannten Care-Perspektive (siehe Gilligan 1984). Es entfachte eine kurze Diskussion um eine „weibliche" Moral, die schnell wieder erlosch, da diese nicht auf etwas Geschlechtsspezifisches, das man jeder Frau zuschreiben konnte, zurückzuführen war.[1] Auch wenn Frauen in vielerlei Hinsicht die Unabhängigkeit von Männern erreicht haben, ist eine andere Form der Abhängigkeit geblieben, nämlich die ihrer Kinder (Subject of Care). Die Fürsorge-Perspektive war eine, die von einem weiblichen Standpunkt aus formuliert wurde, weil sie von den Lebenserfahrungen vieler Frauen spricht, und die

---

[1]Für eine Ausführliche Diskussion siehe Nunner-Winkler (1991) und Kittay und Meyers (1987).

die feministische Forschung in dem Zusammenhang vorantrieb. Heute kennt man sie als Care-Ethik.

Mein Interesse gehört dieser Fürsorge-Perspektive, die erstmals von Frauen artikuliert wurde. Mir geht es darum, das herauszuarbeiten, was mutige Frauen zu beschreiben versuchten. Es gilt einer etwas simpel anmutenden Frage nachzugehen: Was ist Fürsorge? Jenseits von Tabuisierung, Mystifizierung oder Glorifizierung gilt es die Ansprüche und Herausforderungen von Fürsorge klarer zu sehen.

4.2 Fürsorge: Potenzial, aber auch Gefahren und Schwierigkeiten bei der Verortung von Fürsorgearbeit

Wenn in Michael Hanekes Film „Liebe" ein alter Mann daran scheitert, seine geliebte Frau nach einem Schlaganfall, der alle Normalität verschwinden lässt, zu pflegen oder die Pflege zu organisieren, und er zu irrationalen Handlungen getrieben wird, zeigt dies die Herausforderung einer solchen Situation. Es kann jede/n treffen, dass eine geliebte Person nicht ohne unsere Hilfe ihren Alltag meistern kann. Der Titel des Filmes darf nicht den Zweifel erwecken, dass das Scheitern aus einem Mangel an Liebe zu ihr entstand. Der alte Mann war nicht vorbereitet, denn die Veränderungen erschütterten ihn so sehr, dass er sich nicht anders zu helfen wusste, als die Frau umzubringen. Die gemeinsame Tochter scheint von ihren Gefühlen gelähmt und zu keinem klaren Gedanken fähig, sodass sie nur wenig Hilfe ist. Die PflegerInnen, die ihnen geschickt werden, bringen das Fass zum Überlaufen.

Ich nehme bewusst das Beispiel der Pflege eines alten und kranken Menschen als Einstiegsbeispiel. Während bei einer Mutter-Kind-Beziehung, auf die ich mich im Weiteren beziehe, die Verantwortung viel einfacher erscheint, sind in anderen Abhängigkeitsbeziehungen die Rollen oft unklar verteilt bzw. ist es schwer ersichtlich, wer sich zur Fürsorge verpflichtet fühlt. Denn genau dies ist der Spiegel unserer gesellschaftlichen Realität. Die Tabuisierung privater Sorgeverpflichtungen, das Persönliche, die unreflektierten Gefühle dabei geben uns keine Anleitung und Antwort darauf, wie wir solchen Lebenssituationen gewachsen sein können. Wo finden wir die Antworten darauf, wie man auf unausweichliche Abhängigkeit angemessen reagieren kann?

Diesen Raum für Fürsorgearbeit müssen wir uns schaffen. Dabei gilt es, ihn aus der Grauzone herauszuholen, und damit diejenigen, die in Fürsorgebeziehungen stecken, nicht auszugrenzen und verletzbar zu machen. Denn genau diese Strukturen bergen viele Gefahren, indem wir mit einer durchaus menschlichen

Bedingung, nämlich der Abhängigkeit, nicht umgehen können. Der unmittelbare Bezugspunkt und Ausgangspunkt von Fürsorge ist Abhängigkeit. Dabei sind Menschen existenziell angewiesen auf andere, weil sie nicht in der Lage sind, ihren Bedürfnissen nachzukommen. Solch eine Form radikaler Abhängigkeit findet sich bei Kindern, Behinderten, kranken und alten Menschen (vgl. Schnabl 2005, S. 281–292). Die Mutter-Kind-Beziehung stellt ein Paradigma von Fürsorge-Beziehung dar. Bei einer Mutter ist es offensichtlich, dass sie eine Verpflichtung zur Fürsorge hat, wenn sie ein Kind großziehen will.

Einige PhilosophInnen begannen sich Gedanken darüber zu machen, wie man denkt und handelt, wenn man Mutter wird. Sara Ruddick stellte anthropologische Überlegungen zur Fürsorge als intellektuelle Mutterarbeit an. Durch teilnehmendes Beobachten der mütterlichen Praxis entwickelte sie Anforderungen an die Fürsorge. Ruddick geht dabei von einer Verwobenheit von Denken und Handeln aus. Anhand ihrer Ausführungen will ich darstellen, wie sich fürsorgliches Denken und Handeln entwickelt. Welchen Anforderungen man sich als Mutter stellen muss. Zugleich werden wir sehen, wie zum Beispiel die Anforderung der sozialen Akzeptanz die mütterlichen Bemühungen auch bremsen kann, und somit Grenzen und Schwierigkeiten artikuliert werden. Aber genau dies gilt es: Unserem Verständnis auf die Sprünge zu helfen und zu zeigen, welche Lasten und Konflikte Fürsorgearbeiten mit sich bringen.

4.3 Mutterarbeit: Was wir von Müttern lernen können (Art zu denken)

Was machen Mütter? Sie managen, vereinbaren, besitzen Fähigkeiten des „Multitasking" u. Ä. Wenn Mütter reden, dann geht es unter anderem auch darum, wie sie ihre Verpflichtungen, die durch ihre Familie entstehen, mit Erwerbsarbeit vereinbaren oder wie sie den Wiedereinstieg schaffen. Frauen und Männer, die Mutterarbeit leisten, müssen gewisse Ambivalenzen aushalten können, denn diese Arbeit ist an gewisse Bedingungen geknüpft. „Sorgen kann nicht insular sein, und es kann nicht die politische Realität, die materiellen Bedingungen und die sozialen Strukturen der Welt ignorieren" (Hoagland 1993, S. 189). Da es schwierig sein wird, die Welt zu verbessern und optimale Bedingungen für Fürsorge zu schaffen, sehe ich den fruchtbareren Weg darin, sich mit der Fürsorge auseinanderzusetzen, sie hörbar, öffentlich zu machen, und damit bessere Bedingungen zu schaffen.

Wenn Mütter über Fürsorge nachdenken, dann geht es primär um das Wohlergehen ihres Kindes. Ruddick zufolge ist Fürsorgearbeit wie jede andere Arbeit auch eine Verbindung zwischen Praxis und Denken, Handeln und Erkenntnis (vgl. Ruddick 1993, S. 57 ff.). Nehmen wir das Beispiel des Gärtners, dessen Wissen von seiner Erfahrung aus der Tätigkeit selbst und dem Nachdenken darüber abhängt. Er kann auch mit seinen Emotionen stark in seiner Arbeit eingebunden sein und muss immer wieder Wege suchen, damit umzugehen. Ruddick sucht die Arbeit der Mutter zu erdenken: „Da ich mich zum einen auf ein intuitives Gefühl berief, das die mütterliche Praxis als eine Form der Arbeit begriff, und zum anderen Konsequenzen aus der epistemologischen Behauptung zog, dass Arbeit und Handeln das Bewusstsein formten, lag es nahe, dass es eine bestimmte Art von mütterlichem Denken geben müsse, das sich aus dieser Arbeit ergebe und ihren Anforderungen entspreche" (ebd., S. 57).

Um ein besseres Verständnis von Fürsorge zu bekommen, gilt es der Frage nachzugehen, wie Menschen denken, die wiederholt auf diese Fürsorgearbeit reagieren. Dieses Denken, das aus der mütterlichen Tätigkeit erwächst, wird von drei Anforderungen – nach Schutz, Wachstum und Akzeptabilität – geleitet, zwischen denen sich auch Konflikte ergeben können.

Fürsorge als beschützende Liebe
Fürsorge wird bestimmt von intensiven Gefühlen, sowohl die der Mutter als auch die des Kindes, die zugleich beflügelnd, aber auch erschöpfend sein können. Mütter sind mit vielen unterschiedlichen Emotionen konfrontiert und trotzdem darf ihre Fürsorgearbeit nicht im Gefühlssumpf versinken. Die Arbeit und die Gedanken dahinter sind nicht offensichtlich. Wenn es um Schilderungen ihrer emotionalen Abgründe geht, kommen Empfindungen wie Hass, Wut, Angst, Schuld, Frustration oder schlichtweg emotionale Erschöpfung vor. Diese sind alle vermischt mit der sogenannten „Mutterliebe". Genau diese Ambivalenzen seien Kennzeichen mütterlicher Praxis und fordern das Denken darüber besonders heraus (vgl. ebd., S. 62). Der Umgang mit Gefühlen spielt für beschützende Tätigkeiten eine wesentliche Rolle: „Fürsorgliche Liebe ist jedoch nicht ‚rein intellektuell' zu begreifen, und beschützende Mütter können sich selbst und ihre Kinder nicht verstehen, ohne sich auf Gefühle zu berufen und sie zu begreifen" (ebd., S. 63). Um aufeinander reagieren zu können, geht es darum, Zugang zu den Gefühlen des anderen zu bekommen, welche nicht immer offensichtlich sind (vgl. ebd., S. 63). Die Gefühle der Kinder einzuschätzen, ist ein wesentlicher Bestandteil der gedanklichen Aktivität von Müttern, um zu wissen, wie und wo sie sie beschützen sollen. Wenn Ruddick sagt, Gefühle schreien nach Reflexion, dann sieht sie im Reflektieren der Emotionen eine der schwierigsten Errungenschaften der Vernunft (vgl. ebd., S. 64). Emotionen seien konzeptionell mit Denken und Handeln verbunden: „Gefühle verlangen ein Nachdenken, die Gedanken werden in Handlungen getestet, und die Handlungen müssen wiederum vor den dadurch hervorgerufenen Gefühlen bestehen können" (ebd., S. 64).

„Reflektierte Emotionen, leidenschaftliche Gedanken und beschützende Handlungen enthüllen gemeinsam die beschützende Liebe und sind die Kontrolle für ihre Wirksamkeit" (ebd., S. 64). Sorgen könne man nicht auf Emotionen reduzieren, auch wenn diese eine Rolle dabei spielen, denn das Handeln unterscheide sich wesentlich vom Empfinden. Schützende Fürsorge sieht Ruddick als eine von einer Verpflichtung getragene Aktivität, die Gefühle aushält und handlungsleitend ist. Die für die mütterliche Praxis wichtigere Frage sei somit nicht „Was hast du empfunden?", sondern „Was hast du getan?" Fürsorgearbeit schließt keine Gefühle aus, sie sind im günstigsten Fall komplexe, aber wichtige Arbeitsinstrumente (vgl. ebd., S. 64). Ich sehe hier eine starke Anforderung, die genau die Glorifizierungen und Idealisierungen von Mutterliebe sprengen kann.[2]

Wie man nun sein Kind am besten beschützt, kann nicht auf einen Nenner gebracht werden. Die kognitiven Fähigkeiten, die man dabei entwickelt, helfen uns bei unseren Handlungen. Mütterliche Arbeit erwächst aus einem Ringen um gewisse Tugenden: „Wachsamkeit" gegenüber Gefahren kann verhindern, dass Beschützen in übermäßige Kontrolle mündet. Die Haltung der „Demut" hilft Unkontrollierbares zu akzeptieren und die wachsende Selbstständigkeit des Kindes anzunehmen. Das Angemessene zu tun wissen, das Ringen darum, könnte darin begründet liegen, sich zu bemühen, die Kontrolle zu behalten, ohne in dominantes Verhalten oder Misshandlungen zu verfallen, aber auch nicht die Kontrolle zu verlieren, die in Passivität umschlägt. Die passive Haltung birgt eine besondere Gefahr, die Mütter die Kontrolle abgeben lässt und zum Schweigen bringt. Dies führt Ruddick oft zurück auf mangelndes Urteilsvermögen, Einschüchterung durch ExpertInnenratschläge und mangelnde Unterstützung. In Anbetracht oft schwieriger innerer und äußerer Umstände der beschützenden Tätigkeit sind „Heiterkeit" und „Zuversicht" genauso mütterliche Tugenden. Falscher Frohsinn birgt die Gefahr der Verwirrung und Realitätsentfremdung, denn: „Frohgemut zu sein, heißt Zufälle, Grenzen und Unvollkommenheit zu respektieren und trotzdem zuversichtlich zu sein, für die eigene Sicherheit und die der anderen etwas tun zu können. Es ist auch die Bereitschaft, die Geburt von Kindern zu akzeptieren, immer wieder von vorne anzufangen und der Zukunft optimistisch entgegenzuschauen, obwohl die Natur und die persönlichen und gesellschaftlichen Lebensumstände genug Gründe zum Verzweifeln böten" (ebd., S. 67). Diese Tugenden zu erkennen heißt nicht, sie auch zu besitzen, aber sich des Ringens darum bewusst zu sein.

---

[2]Angelika Krebs diskutiert den Einwand gegen das Liebesargument (siehe Krebs 2002).

4 Die Vernunft der Fürsorge

Fürsorge als Entwicklungsförderung
Mit dem Heranwachsen des Kindes verändern sich auch die Aufgaben einer Mutter. Die geistige Entwicklung des Kindes ist in Anbetracht der emotionalen, kognitiven, sexuellen und sozialen Aspekte so komplex, dass sie Fürsorge bedarf. „Die Denkweise einer Mutter, die sich der Wachstumsförderung widmet, wird von einem Sinn für kindliche Komplexität und die Schwierigkeiten, darauf zu versuchen zu reagieren, charakterisiert" (ebd., S. 76). Es bedarf einer Feinfühligkeit, eines Sinnes im Umgang mit Kindern. Auch wenn sich Kinder „natürlich" dem Alter und den Umständen entsprechend, aufs Positive hinauslaufend entwickeln, bedarf es der Aufmerksamkeit der Mutter, dies einzuschätzen. Das bedeutet abzuwägen, ob sie handeln oder geduldig abwarten muss und vertrauen soll. Oft weiß man erst im Nachhinein, was zu tun ist, wenn man z. B. auf die Traurigkeit eines Kindes reagieren will. Bei Entwicklungsförderung lehnt Ruddick Verallgemeinerungen über die Bedürfnisse von Kindern ab. Darüber sagen uns vielmehr die persönlichen Voraussetzungen, die Mütter unter verschiedensten Umständen schaffen, die Kraft und die Zeit aufzuwenden, um die seelische Komplexität ihrer Kinder zu erkennen und ihnen Aufmerksamkeit und Zuwendung entgegenzubringen. Entwicklungsförderung als organisatorische Aufgabe fordert einen Raum für Kinder zu schaffen – und ein „Zuhause", das ihnen Stabilität bietet und Zufluchtsort ist.

In solch einem dynamischen Prozess des Kinderwachstums, der Identitätsfindung, ist Offenheit für Veränderungen eine Voraussetzung für Entwicklungsförderung. Eine offene Haltung ist einerseits tolerant für die Veränderung der Bedürfnisse von Kindern und geht andererseits mit der Veränderung der Mutter einher. Diese Fähigkeit, sich durch und mit Kindern zu verändern, setzt laut Ruddick eine Haltung voraus, die sie als philosophische Position bezeichnet (vgl. ebd., S. 84). Aus dieser Position versucht man ein Kind nicht ausschließlich durch sein Verhalten zu verstehen, sondern von einem Zusammenhang der Erfahrungen auszugehen. Dafür bedarf es auch im gemeinsamen Leben miteinander die Gefühls- und Gedankenwelt zu teilen, mit Respekt für Privatheit. Dazu zählt vertrauenswürdiges Zuhören, zu verstehen versuchen, Hemmungen und falsche Vorstellungen abbauen zu helfen und selbst Rat und Trost zu suchen bei Auswegslosigkeit.

Erziehung als Gewissensarbeit
Kinder so zu erziehen, dass sie mit ihrer Umgebung auskommen und man selbst mit ihnen zufrieden ist, stellt sich als schwierige Aufgabe heraus. Mütter stehen unter besonderem gesellschaftlichen Druck, wenn man sie in Bezug auf das Verhalten ihres Kindes be- und verurteilt. Sie laufen dabei Gefahr, ihre Autorität, das

Vertrauen in ihr eigenes Werturteil sowie die Wahrnehmung der Bedürfnisse ihrer Kinder zu verlieren. Ruddick zeigt, dass der Verlust an Selbstsicherheit und Integrität nicht nur für die Mütter nachteilig ist. Indem Mütter den kritischen Blick fürchten und ihren eigenen Werten und Wahrnehmungen nicht vertrauen, fordern sie von ihren Kindern Gehorsam gegenüber unhinterfragten „Autoritäten". Kinder werden somit der Gefahr ausgesetzt, in Konflikte mit anderen Menschen zu geraten, die ihre Bedürfnisse nicht verstehen und sie verletzen können. Rebellion oder Versagen können aus Forderungen absoluten Gehorsams resultieren. Erziehung als Gewissensarbeit muss von der Mutter vorgelebt werden. Sowohl die Mutter als auch das Kind üben, gewissenhaft zu urteilen und zu leben. Für wohlüberlegte eigene Entscheidungen die Verantwortung selbst zu tragen, dient als Kriterium für Erfolg oder Misserfolg bei der Erziehung. Eine Mutter kann dies durch reflektierende Gespräche mit dem richtigen Maß an Vertrauen in der Beziehung fördern. Die Vertrauenswürdigkeit und Zuverlässigkeit zu bewahren, liegt in den Händen der Mutter, indem sie zu ihrem Kind hält, dem Druck von Autoritäten standhält und wachsam ist gegenüber anderen, die sich um ihre Kinder kümmern. Das richtige Maß an Vertrauen einzusetzen, bezeichnet Ruddick als eine der schwierigsten Tugenden der Mutterschaft, um die es zu ringen gilt (vgl. ebd., S. 104 ff.).

4.4 Die Ohnmacht mütterlicher Intelligenz

Nachdem ich nach einem schweren Verbrühungsunfall meiner 14 Monate alten Tochter auf der Intensivstation eines Krankenhauses gelandet war, erfuhr ich die größte Erschütterung meines mütterlichen Selbstverständnisses. Ich hatte eine Sekunde weggesehen und das Unvermeidbare war passiert. Was in meiner Kraft stand, tat ich, bevor der Notarzt eingetroffen war. Und als das Rettungsteam eingetroffen war, sah ich deren Entsetzen in ihren Augen und half beim Einleiten der Schmerztherapie. Keinen Moment war ich nicht Mutter und sah meine Verpflichtung zu handeln. Im Krankenhaus wurden ihre Verletzungen versorgt, bald war sie stabil. Ich stand daneben und war den Ärzten natürlich unendlich dankbar. Ich stellte sehr viele Fragen. Medizinisches Personal pilgerte in unser Zimmer, sprach von seelischen Wunden, vom Zerbrechen der Mutter an der Schuld. Was ging da bloß vor sich? Ich verstand deren Anliegen nicht, dieser Umgang war neu für mich und verwirrte mich. Meine Schuld wog schwer, und was ich empfand war fürchterlich, doch war dies nicht Gegenstand der Diskussion in meinen Augen. Meine Verpflichtung zu handeln blieb, ich gab die Verantwortung nicht ab. An wen denn? Mich interessierten die neuesten Verbandmöglichkeiten, um ihr eine gute Heilung ermöglichen zu können, mich interessierten die Erfahrungswerte der Ärzte und vieles mehr. Mein Bemühen um Informationen zum weiteren Vorgehen zu erlangen, war ein harter Kampf. Ich wurde nicht als rationales Wesen wahrgenommen, wenn ich daran zurückdenke, wie mit mir gesprochen wurde. Auch wenn ich sie nicht gut genug beschützt hatte, um den Unfall zu vermeiden, tat ich alles in meiner Kraft stehende, was diese neue Situation von uns verlangte. Nach vielen traumatischen Behandlungen versuchten mein Mann und ich einen neuen Anlauf in einem anderen Krankenhaus. Eine Ärztin fand sich, die sich unseres Falls kooperativ annahm und uns dabei unterstützte, die Genesung unserer Tochter so schonend wie möglich in Absprache mit uns zu gestalten. Da ein Kind nicht für sich selbst entscheiden und artikulieren konnte, was ihm gut tat, fühlte ich ihr Befinden. Ich beobachtete was ihr gut tat, wie sie sich am besten bewegen konnte, was ihr Mühe machte, wie sie sich in Anwesenheit von medizinischem Personal verhielt und vieles mehr. Und wer konnte dies denn besser als jemand, der dem Kind so nahe steht wie eine Mutter. Wir bestellten Spezialverbände, die wir selbst zu Hause wechseln konnten, denn sobald wir ein Krankenhaus mit ihr betraten, war es für sie eine fürchterliche Angst einflößende Situation. In den sechs Monaten, bis die Wunden geschlossen waren, und der langen Zeit danach, bis die Krusten abfielen, der Juckreiz erträglicher wurde und die Narben massiert und später von Kompressionsstrümpfen flach gehalten wurden, galt es für die jeweils spezielle Situation, eine Umgebung für unser Kind zu schaffen, in der all diese Dinge auszuhalten und erträglich waren, damit sie einerseits geschützt war, das heißt, dass ihre Wunden nicht aufrissen und sich noch größere Narben bildeten, und sie sich andererseits trotz dieser Beeinträchtigungen gut entwickeln konnte.

4.5 Abschluss

Mütterliches Denken sehe ich als (selbst-)kritische, engagierte Perspektive, um die es sich anzustrengen lohnt, wenn man sich um die Bedürfnisse von Kindern nach Schutz, Entwicklung und sozialer Akzeptanz bemühen will. Sie kann uns in den Fürsorge-Verpflichtungen, für die wir die Verantwortung tragen wollen, trotz schwieriger Situationen bestärken zu handeln. Mütterliches Denken (sog. mothering) ist kein Ratschlagskatalog von mächtigen Mütter-ExpertInnen, die für jedes Problem eine Lösung haben. Bedürfnisse in Fürsorge-Beziehungen können unterschiedlich sein wie die Menschen selbst. Die Anforderungen ergeben sich aus der Interaktion und es gilt, ihnen mit einer differenzierten Fürsorge-Haltung zu begegnen. Fürsorge ist keine angeborene Haltung, die natürlich zum Vorschein kommt, sie muss kultiviert werden.[3]

---

[3]Weiterführend dazu finden sich im Sammelband von Kittay & Feder (2002) differenzierte Betrachtungen zu verschiedenen Formen von Fürsorge.

Literatur

Gilligan, C. (1984). *Die andere Stimme. Lebenskonflikte und Moral der Frau.* München: Piper.

Hoagland, S. L. (1993). Einige Gedanken über das Sorgen. In H. Nagl-Docekal & H. Pauer-Studer (Hrsg.), *Jenseits der Geschlechtermoral. Beiträge zur Feministischen Ethik* (S. 173–194). Frankfurt a. M.: Fischer.

Kittay, E. F. (1999). *Love's labor. Essays on woman, equality and dependency.* New York: Routledge.

Kittay, E. F., & Feder, E. K. (Hrsg.). (2002). *The subject of care. Feminist perspectives on dependency.* Maryland: Rowman & Littlefield.

Kittay, E. F., & Meyers, D. T. (Hrsg.). (1987). *Woman and moral theory.* Totowa: Rowman & Littlefield.

Krebs, A. (2002). *Arbeit und Liebe. Die philosophischen Grundlangen sozialer Gerechtigkeit.* Frankfurt a. M.: Suhrkamp.

Nunner-Winkler, G. (Hrsg.). (1991). *Weibliche Moral. Die Kontroverse um eine geschlechtsspezifische Ethik.* Frankfurt a. M.: Campus.

Ruddick, S. (1993). *Mütterliches Denken. Für eine Politik der Gewaltlosigkeit.* Frankfurt a. M.: Campus.

Schnabl, C. (2005). *Gerecht sorgen. Grundlagen einer sozialethischen Theorie der Fürsorge.* Freiburg: Herder.

Über die Autorin

Ramela Skrijelj-Mehmedovic Studium der Philosophie, Volkswirtschaftslehre und Frauen- und Geschlechterforschung. Berufliche Tätigkeiten in der außerschulischen Jugendarbeit, Sozialbetreuung und Integrationsarbeit.

Vereinbarkeit von Studium/Beruf und Familie – mitunter eine Gratwanderung für alle Beteiligten

Oder: Warum die Vereinbarkeit von Beruf und Familie nichts mit lachenden Kindergruppen zu tun hat

Julia Spiegl

5.1 Was bedeutet Sorge- und Familienarbeit?

Vereinbarkeit hat viele Gesichter – viele Menschen vereinbaren mehrere Lebensbereiche in ihrem Alltag. Verwunderlich ist dabei, dass die Lebensbereiche als getrennt wahrgenommen werden.

Das war nicht immer so: In der Produktionsgemeinschaft – (Groß-)Familie oder Sippe – gab es bis Mitte des 18. Jahrhunderts grundsätzlich nicht die Trennung in Arbeit – Familienarbeit – Hausarbeit. Die Betreuung und Versorgung pflegebedürftiger Angehöriger, z. B. Kleinkinder, Kranke, Alte, fand innerhalb des Großfamilienverbandes statt. Oder aber: Die Familien- und Hausarbeit wurde in den gesellschaftlich höheren Schichten durch Personal abgedeckt.

Heute nimmt das intergenerationale Zusammenleben zusehends ab. Großeltern oder andere Verwandte, auf die zurückgegriffen werden könnte, stehen oft selbst noch im aktiven Erwerbsleben. Und: Sorgearbeit ist zu einem Wirtschaftsfaktor geworden:

Es entstanden und entstehen Institutionen außerfamiliärer Kinder- und Altenbetreuung, die sich nach und nach professionalisier(t)en – das institutionell-professionelle Angebot an ständiger und flexibler institutionalisierter Betreuung entwickelt

---

J. Spiegl (✉)
Graz, Österreich
E-Mail: julia.spiegl@uni-graz.at

© Springer Fachmedien Wiesbaden GmbH 2017
J. Spiegl (Hrsg.), *Vereinbarkeit von Beruf und familiären Sorgepflichten*,
DOI 10.1007/978-3-658-14575-0_5

sich rasant weiter (z. B. flexible Kinderbetreuung[1], flexible professionelle Betreuung kranker Kinder daheim[2], mobile SeniorInnenberatung, Wohnraumanpassung, ambulante Betreuung für SeniorInnen etc.[3]).

Nichts verändert hat sich an der grundsätzlichen Notwendigkeit, Familienangehörige alters- und situationsadäquat zu versorgen und zu betreuen. Familienarbeit besteht aus vielfältigen kleinen Aufgabenstellungen, die in einem langfristigen Zeitraum entstehen, teilweise planbar, teilweise unplanbar und persönlich und situativ hochindividuell sind. Viele Entscheidungen sind nötig, die nicht nur durch die Möglichkeiten vor Ort, sondern auch durch Einstellungen und Medienberichte beeinflusst werden. Nicht nur Wohnort, Arbeitsort, familiäre Möglichkeiten und Wünsche, sondern auch die körperliche Gesundheit, soziale Eingebundenheit und psychische Stabilität der Familienmitglieder spielen dabei eine zentrale Rolle. Wer Kinder, behinderte, kranke oder alte Menschen zu pflegen hat, ist auf ein tragfähiges soziales Netz angewiesen, das auch materiell stützen kann. Die Verantwortung für Sorgearbeit bei herausfordernden Situationen wird dabei in den Privatkontext verlagert.

5.2 Was bedeutet Vereinbarkeit?

Bei der Vereinbarung verschiedener Lebensbereiche ist ausschlaggebend, ob Sorgeverantwortung gegenüber einer anderen Person besteht und ob diese aktiv ausgeübt wird oder nicht. Dabei spielt es keine Rolle, ob Betreuung und/oder Pflege hauptsächlich selbst übernommen werden. Bereits der investierte Zeitaufwand für die Organisation von notwendigen Betreuungsdiensten, Hol- und Bringdiensten oder Kontrollbesuchen zählt als informelle Pflege zur Übernahme aktiver Sorgeverantwortung (zu informell pflegenden Personen vgl. Spiegl 2013, S. 195 ff.; Mühlmann 2007). Ebenso trifft das im Falle berufstätiger Eltern zu, deren Kinder sich ab einem gewissen Alter zu geregelten Tageszeiten in einer Einrichtung

---

[1]Siehe dazu Angebote wie Verein M.A.M.A. (http://www.mama.co.at/) oder Kraxlmaxl (http://kraxlmaxlundco.at/).
[2]Siehe dazu Angebote wie „genau jetzt" (http://www.tagesmuetter.co.at/DEU/angebot/genaujetzt.php) oder Notfallmama (http://www.notfallmama.or.at/).
[3]Zurzeit steigt die Nachfrage nach stundenweiser (d. i. weniger-als-24-h) Betreuung daheim deutlich. Gleichzeitig entwickeln sich Internetportale und neue Selbstständige, die derartige Angebote bieten oder vermitteln. Förderungen gibt es dafür (noch) keine.

befinden, die Eltern dennoch VerantwortungsträgerInnen für die Organisation und Kommunikation des Alltags- und Familienlebens sind.

Der Begriff Vereinbarkeit im Zusammenhang mit Beruf und Familie meint die Übernahme aktiver familiärer Sorgepflichten durch arbeitende (auch studierende) Frauen und Männer gegenüber Kindern, Jugendlichen, erwachsenen oder alten pflegebedürftigen Angehörigen im weitesten Sinn: Adoptiv-, Stief-, Pflegekinder ebenso wie durch Unfall oder Krankheit plötzlich und/oder kurzfristig pflegebedürftig gewordene erwachsene Kinder, PartnerInnen, pflegebedürftig werdende Eltern, ältere Angehörige oder andere nahestehende Personen, bei denen behutsames geplantes Vorgehen wie auch sehr oft die Klärung emotionaler und familiärer Befindlichkeiten von zentraler Bedeutung sind, um zu guten Lösungen oder Zwischenlösungen kommen zu können.

Kinder stellen dabei eine oftmals gut planbare Gruppe dar: Tageseltern, Krippe, Kindergarten, Schule sind, gestaffelt nach Alter, vorhersehbare Betreuungsmöglichkeiten ohne allzu viele Alternativen. Ebenso sind schulfreie Tage und Ferienzeiten vorhersehbar und gut mit Betreuungsangeboten abdeckbar. Gruppenbildung ist dazu notwendig, möglich und pädagogisch durchaus empfehlenswert, da Betreuungspersonen in stabilen Betreuungsverhältnissen in hohem Maße auch entwicklungsbegleitende und -fördernde Personen sind. Das Miteinander unter Kindern, besonders in altersgemischten Gruppen – die von einigen ForscherInnen als Nachfolge des Großfamilienverbands gesehen werden – fördert die Entwicklung auf vielen Ebenen.

Die Möglichkeit und die Notwendigkeit der Gruppenbildung nehmen mit zunehmendem Alter ab – bereits Jugendliche sind differenter und nicht mehr leicht in Gruppenangeboten zusammenzufassen – aufgrund wachsender Selbstständigkeit ist das auch immer weniger nötig. Umso notwendiger ist die persönliche Präsenz der Betreuungsperson und mitunter die sofortige angemessene Reaktion auf eine aktuelle Herausforderung, wenn es um Pubertät, Identitätsbildung, Ausbildungsentscheidung, Erfahrungen des Eintritts in die soziale, mediale, wirtschaftliche und gesellschaftliche Gemeinschaft und damit verbundene Krisen(phasen) geht.

Erwachsene, die durch Krankheit oder Unfall kurzfristig pflegebedürftig wurden, sind oftmals kooperierende und verständnisvolle Angehörige, dennoch kann eine mehrere Wochen oder Monate andauernde Einschränkung etwa der körperlichen Mobilität eine massive Belastung für das familiäre Gefüge darstellen.

Pflegebedürftige Angehörige sind kaum in Gruppen zusammenfassbar, sie sind und bleiben hochindividuell und differenziert aufgrund der Lebensgeschichte, der Erfahrungen, Erkenntnisse und Schlüsse, die daraus gezogen werden. Oft beginnt der Pflegebedarf schleichend – sorgenvoll und ungewiss für Angehörige – oder aber plötzlich und unvorbereitet und stellt damit eine Herausforderung dar, auf die in kürzester Zeit mit Entscheidungen von großer Reichweite reagiert werden muss (vgl. Spiegl 2013, S. 192). Körperliche, geistige und soziale Abbauprozesse können die Sorge- und Betreuungsarbeit massiv erschweren.

Auf all das müssen Menschen, die im Erwerbsleben stehen und Familie gründen oder Sorgepflichten gegenüber pflegebedürftigen Angehörigen oder Nahestehenden übernehmen (d. i. hauptsächlich die Altersgruppe von Mitte 20 bis Mitte/Ende 60), reagieren. Sie sind die ExpertInnen und VerantwortungsträgerInnen für das Gelingen von Vereinbarkeitssituationen. Jedoch sind sie meist ohne fachlichen Hintergrund tätig – selbst wenn eine fachlich einschlägige Ausbildung vorliegt, erlangt das Agieren in komplexen familiären Zusammenhängen eine Dimension, die weit über das Maß einer spezifischen und Strukturen unterliegenden Berufstätigkeit hinausgeht.

5.3 Vereinbarkeit an der Schnittstelle zwischen beruflichem und privatem Leben

Zur Verdeutlichung der Kontextvielfalt menschlichen Lebens und Handelns soll das Modell der Wissenschafterin Frigga Haug kurz angerissen werden, das vier fundamentale Bereiche menschlicher Tätigkeit unterscheidet: Erwerb, Sorge, Kultur und Politik. Beachtenswert scheint dabei, dass alle vier Bereiche gleich wichtig sind bzw. gleich gewichtet werden. Haug fordert damit die Politik auf, eine Verknüpfung dieser vier Bereiche zu ermöglichen. Keiner sollte ohne die anderen verfolgt werden, was eine Politik und zugleich eine Lebensgestaltung anzielt, die zu leben umfassend wäre, lebendig, sinnvoll, eingreifend und lustvoll genießend.[4]

5.3.1 Vereinbarkeit als Faktor für ArbeitgeberInnen

Immer mehr stellt die Vereinbarkeit von Beruf und Familie nicht nur für Eltern und pflegende Angehörige, sondern auch für ArbeitgeberInnen eine große Herausforderung dar.[5] Werte, die ein Unternehmen nach innen und außen lebt, wirken auf vielfältige Weise auf die MitarbeiterInnen. Forschungsergebnisse zeigen

---

[4]Näheres dazu unter http://www.vier-in-einem.de/ und http://www.friggahaug.inkrit.de/.
[5]Weiterführend und vertiefend dazu Spiegl (2016) „Vereinbarkeit von Beruf und familiären Sorgepflichten – latenter Dauerkonflikt?" in S. Ferz & H. Salicites (Hrsg.): Mediation in Betrieben. Konfliktmanagement und Organisationsentwicklung im Arbeitsalltag. (S. 29–46). Wien: Verlag Österreich.

die betrieblichen Folgekosten mangelnder Vereinbarkeit auf. Bezogen auf die Vereinbarkeit von Beruf und Pflege durch Absentismus wegen Hilfs- oder Pflegearbeiten, Wechsel von Vollzeit in Teilzeit oder auch Krankenstandstagen wurden die für Unternehmen entstehenden Kosten mit über € 14.000, – pro MitarbeiterIn pro Jahr beziffert.[6] Familienorientierte Unternehmenspolitik ist also nicht allein dem sozialen Engagement einer Arbeitgeberin zuzurechnen, sondern führt zu betriebswirtschaftlichem Gewinn wie auch erhöhter Attraktivität bei der Personalsuche – muss aber auch nach innen phasenweise Rückhalt und Unterstützung bieten.

Welchen Kriterien muss eine „Unterstützung der Vereinbarkeit von Beruf und Familie" genügen, welche Faktoren müssen berücksichtigt werden – und: Wann ist eine Maßnahme sinnvoll?
Bei der Einschätzung von Vereinbarkeitssituationen und deren Konsequenzen auf die Beteiligten muss die der Thematik innewohnende Komplexität gewahrt werden. Verschiedene Faktoren beeinflussen Rahmenbedingungen und Kontext der handelnden und verantwortlichen – berufstätigen – Personen entscheidend:

- zur Verfügung stehende Zeit
- zur Verfügung stehendes Geld
- soziales Netzwerk, familiäres Netzwerk, soziale Unterstützung im Berufsleben
- Erleben von Sinn oder Belastung in der Arbeit
- regionales Angebot an professionellen sozialen Dienstleistungen
  – hier sowohl reguläre institutionelle Betreuungsangebote wie besonders auch
  – flexible familiennahe Dienstleistungen, die Teile von Familienarbeit leisten, die nicht mehr allein von der Kernfamilie abgedeckt werden können.[7]

Was kann ein familienfreundliches Unternehmen wirklich leisten und welche Maßnahmen werden ganz konkret wirksam?
An der heiklen Schnittstelle zwischen beruflichem und privatem Leben zu informieren und zu beraten, ist eine Aufgabe, die absolute Vertraulichkeit voraussetzt.

---

[6]Nachzulesen unter: http://www.carersatwork.tu-dortmund.de/download/Expertise_final.pdf. Zu Präsentismus (nur wer anwesend ist, wird als produktiv bewertet) vgl. auch den Projektbericht der Work-Life-Balance-Studie an der Karl-Franzens-Universität Graz. Nachzulesen unter http://static.uni-graz.at/fileadmin/Koordination-Gender/Allgemeines/WLB_KFU_Abschlussbericht.pdf.

[7]Damit verbunden sind natürlich auch Fördermöglichkeiten, die im Entstehen begriffen sind, wie beispielsweise die Förderung kurzfristig flexibler Kinderbetreuung der Stadt Graz, die es seit Oktober 2014 gibt.

So individuell wie Lebensentwürfe sind – geplant wie ungeplant – muss eine interne Dienstleistung, die die Vereinbarkeit von Beruf und Familie unterstützen soll, auch reagieren können. Drei Faktoren sind für ein Maßnahmenangebot entscheidend, das auch von der Zielgruppe (Eltern und pflegende Angehörige, aber auch Vorgesetzte und Teams) angenommen werden kann:

Stabilität
Es muss ein wiederkehrendes, voraussehbares und damit verlässliches Angebot sein. Die Information darüber sollte generell im Unternehmen und an Schnittstellen präsent sein.

Flexibilität
Es sollte möglich sein, im Rahmen des stabilen Angebots themenflexibel zu bleiben, um auf neu erkannte Bedarfe verändernd oder ergänzend reagieren zu können.

Individualität
Parallel zu einem stabilen themenflexiblen Angebot sollte die Bereitschaft bestehen, sowohl das Angebot im Einzelsetting zur Verfügung zu stellen als auch darüber hinaus persönlich und vertraulich zu beraten, zu recherchieren und zu informieren.

5.3.2 In der Praxis kann es …

… im Rahmen der Organisation von Sorgearbeit innerfamiliär um das Treffen von bewussten Entscheidungen gehen, um die Reflexion von Verantwortlichkeiten und Arbeitsaufteilung (bei administrativen Aufgaben, verschiedenen Wegen, Hol-, Bring- und Begleitdiensten) mit betroffenen Angehörigen und weiteren Beteiligten (Familienmitgliedern), in die oftmals die Familiengeschichte hineinspielt. Wichtig ist abzuklären, zu welchen Konsequenzen die zu treffenden Entscheidungen, die der Familienverband mittragen muss, möglicherweise führen.[8]

… darum gehen, einen Wiedereinstieg oder eine familiäre Auszeit zu planen und vorzubereiten, aufwendige und zeitintensive Recherchen zu individuellen Situationen abzunehmen und Personen kurz gefasst die Ergebnisse als Entscheidungsgrundlage mit zuständigen Kontakten und notwendigen Formularen zu liefern.

---

[8]Beispielsweise ist die Rollenaufteilung oder Rollenumverteilung innerhalb erwachsener Geschwister bei der Sorgearbeit für Eltern oft Thema der Gespräche mit KlientInnen, bei denen es m. E. ratsam ist, in einem supervisorischen Setting zu arbeiten.

… darum gehen, einen passenden Kinderbetreuungsplatz zu finden oder die Organisation eines (Kurzzeit-)Pflegeplatzes zu unterstützen.

… darum gehen, wie in einer Akutsituation reagiert werden kann (plötzliche schwere Erkrankung eines Kindes, Partners/Partnerin, (Groß-)Elternteils) aber auch darum, wie langfristige Phasen gut organisiert werden können (Kinderbetreuung, Einschulung chronisch kranker Kinder, Organisation angemessener Betreuung erwachsener oder älterer Angehöriger mit relativ vorhersehbarem Krankheitsgeschehen).

… darum gehen, Führungskräfte und Teams in solchen Situationen angemessen zu informieren und zu beraten und ggf. bei der Erstellung kurzfristiger Notfallpläne zu unterstützen, aber auch – idealerweise – bei der Vorbereitung von Handlungsleitfäden fachspezifisch zu begleiten und zu moderieren. Diese können für kommende Situationen von plötzlichen Vereinbarkeitsherausforderungen eine Grundlage bilden, an die weitere auftretende Situationen angepasst werden können.

5.3.2.1 Was kann in Beratungsgesprächen geleistet werden?

In vertraulichen Beratungsgesprächen können mitunter tiefe persönliche Zusammenhänge zutage treten. Das offenbart auch meist eine (graduell sehr unterschiedliche) Unvereinbarkeit, die als Stressfaktor auslösend für die Konsultation war. Der Zwiespalt, in dem Personen sich befinden, rührt aus Unvereinbarkeiten innerer und äußerer Faktoren, deren Stabilität für Gesundheit und Leistungsfähigkeit von zentraler Bedeutung sind.

Hilarion Petzold, Psychologe und Gründer der Integrativen Therapie und Supervision, geht davon aus, dass Identität durch Zuweisung von „Außen" und der eigenen Bewertung entsteht und sich dadurch auch immer wieder verändert. Identitätssicherheit entsteht nur da, wo Resonanz zustande kommt, wo man sich als der-/diejenige wahrgenommen fühlt, der/die man ist, bzw. so, wie man sich selbst erlebt. Menschen brauchen die Vergewisserung durch Andere (vgl. Petzold 2012, S. 428). Das ist in diesem Zusammenhang insofern von Bedeutung, als dadurch verständlich wird, dass ein Aufeinanderprallen der beiden Handlungsfelder Berufsleben und familiäre Situation den lebensbegleitenden Prozess der Identitätsbildung in Turbulenzen bringen kann. Die Situation wächst uns dann buchstäblich über den Kopf: intensive Verpflichtungen und mehrfache Leistungsanforderungen erwachsen sowohl aus dem Beruf wie auch aus den familiären Sorgepflichten, die im Unterschied zum Beruf nicht organisatorisch eingebettet und etwa einem Ausbildungsniveau angeglichen sind.

Beratungsgespräche können hier einen Rahmen bieten, um „endlich wieder auch mal zu wissen, wer ich eigentlich bin" (Teilnehmerin bei „Doktorat mit Familie", einem Workshop von unikid & unicare im Mai 2014) oder: „Das Wissen, dass Sie uns Angehörigen zur Seite stehen, tut gut und hat auch wieder Energie freigesetzt, weil meine Überforderung des ‚ich-muss-alles-allein-machen' geringer wird" (aus einem Mail einer Mitarbeiterin mit familiärer Pflegeverpflichtung, im Juli 2015).

Drei Säulen der Identität werden im Kontext mit Vereinbarkeitsherausforderungen besonders schlagend und müssen Berücksichtigung finden:

Die sozialen Beziehungen
Zu diesem Identitätsbereich gehören die „sozialen Netzwerke": Familie, Freundeskreis, KollegInnen. Hierher gehört aber weniger die belastende Arbeit von Sorgetätigkeit als vielmehr das Zeit-Verbringen mit Menschen, die man liebt und mit denen man sich gut versteht – Zeit, in der Muße Platz hat und Austausch stattfinden kann, was im Weiteren positiv zur Identitätsbildung beiträgt. Ein hoher Sorgeaufwand und eine belastende Familiensituation können das Sozialleben bereits massiv einschränken.

Der Identitätsbereich der sozialen Beziehungen ist beeinflusst von Veränderungen im Arbeits- und Familienleben. Die Auswirkungen von Vereinbarkeitsverpflichtungen auf ein entspanntes Familienleben und Freundschaften sind nicht zu unterschätzen. Kontakte zu pflegen und familiäre Beziehungen zu leben, ist neben dem wachsenden Anspruch, immer erreichbar zu sein, immer zu Verfügung zu stehen, deutlich schwieriger (vgl. Lipp 2013, S. 18).

Arbeit und Leistung, Freizeit
Zu diesem Identitätsbereich zählt, ob Arbeit Freude macht, ob man sich damit identifizieren kann, wie leistungsfähig man sich selbst fühlt und wie viel an Sicherheit oder Unsicherheit durch Leistung gewonnen wird.

Die steigenden Anforderungen an ArbeitnehmerInnen hinsichtlich Flexibilität, Mobilität, Leistungsbereitschaft und Leistungsanforderungen, besonders in aufstiegsorientierten Berufskarrieren, machen das Ausfüllen von „Doppelrollen" schwerer vereinbar: eine Doppelbelastung, die die körperliche Spannkraft und das leibliche Leistungsvermögen überfordert und psychoneuroimmunologische Risiken schafft. Die Arbeit auf der Arbeitsstelle und die Dienstleistungen zu Hause lassen für Muße und Selbstbestimmung keinen Raum. Petzold führt aus, dass besonders für Frauen in aufstiegsorientierten Bereichen, die auch die Aufgabe des „Mutter-Seins" ernst nehmen, Doppelrollen durch permanente Leistungsanforderungen kaum vereinbar sind (vgl. Petzold 2012, S. 522).

Materielle Sicherheit
Ein zentraler Faktor ist natürlich die materielle Sicherheit, besonders für Familienverbände mit Personen, die nicht zum Familieneinkommen beitragen können. In der Wissenschaft geben Frauen (und auch Männer!) den Beruf nicht nur wegen der finanziellen Sicherheit nicht gerne auf oder reduzieren das Stundenausmaß. Die Berufstätigkeit

wirkt sinnstiftend und hat neben der fordernden Sorgearbeit einen sozial-emotionalen Erholungsfaktor (vgl. Meier 2011, S. 158 ff.; Petzold 2012, S. 522). Gleichzeitig bietet die Arbeit auch soziale Beziehungen (vgl. Kreimer und Meier 2011, S. 14).

5.4 Schlussbemerkung

Berufstätige und in Ausbildung stehende Personen mit familiären Sorgepflichten stehen unter vielfältigen Belastungen und Leistungsdruck auf individueller Ebene. Berufstätigkeit fordert Aufmerksamkeit und Präsenz – Diskussionen um flexible Arbeitszeiten lassen die Grenzen zwischen Beruf und Privat verschwimmen, besonders im wissenschaftlichen Bereich sind diese Grenzen oft von vornherein nicht klar zu ziehen. Die Betroffenen befinden sich in einem Zwiespalt zwischen permanenter Sorge, mangelnder Freizeit und hohen Leistungsanforderungen (vgl. Meier 2011, S. 141; Petzold 2012, S. 521 ff.; Lipp 2013; Spiegl 2016).

Sorgeverantwortung zu übernehmen, zieht Konsequenzen nach sich, die nicht immer vorhersehbar sind. Dabei ist es zweitrangig, für wen die Sorgeverantwortung übernommen wird. Aktuell gibt es immer wieder Aufforderungen in den Medien, Menschen mögen sich mit prognostizierbaren Situationen auseinandersetzen, sich zusammensetzen und Wichtigstes besprechen[9] – wir tun es aber nicht, weil wir uns nicht gerne mit Situationen beschäftigen, von denen wir uns wünschen, dass sie nicht eintreten würden.

Ich vertrete die Meinung, dass ausreichende, professionelle, leicht zugängliche und kostenfreie Unterstützungs- und Beratungsangebote, die gesamtgesellschaftlich anerkannt sind, wertschätzend den Einzelfall betrachten können, dieses Nicht-gerne-tun auf lange Zeit in eine produktive Vorab-Auseinandersetzung führen können und damit endlich das Bild verabschieden, dass Vereinbarkeit von Beruf und Familie nur etwas für Mütter ist und nur mit lachenden Kindergruppen zu tun hat.[10]

Literatur

Kreimer, M., & Meier, I. (2011). *Die Angehörigen wissen am besten was gut ist. Eine Analyse des Systems der familiären Langzeitpflege und dessen Auswirkungen auf die Lage pflegender Angehöriger*. Graz: Leykam.

---

[9]z. B. http://derstandard.at/2000024719619/Pflegevorsorge-ist-fuer-die-Oesterreicher-kein-grosses-Thema (abgerufen am 19.11.2015), siehe auch Spee (2015, S. 2).
[10]Zu konkreten Angeboten der Universität Graz siehe Anhang.

Lipp, A., & Mahlstedt-Hölker, S. (2013). Auswirkungen der Veränderungen in der Arbeitswelt auf die fünf Säulen der Identität. In SUPERVISION: Theorie-Praxis-Forschung, Ausgabe 03/2013. Hückeswagen. http://www.fpi-publikation.de/images/stories/downloads/supervision/lipp-mahlstedt-hoelker-auswirkungen-veraenderungen-arbeitswelt-fuenf-saeulen-identitaet-sup-03-2013.pdf. Zugegriffen: Jan. 2016.

Meier, I. (2011). Zwischen permanenter Sorge, mangelnder Freizeit und hohen Leistungsanforderungen. Erwerbstätige an der Universität Graz mit familiären Altenbetreuungsverpflichtungen. In M. Kreimer & I. Meier (Hrsg.), *Die Angehörigen wissen am besten was gut ist. Eine Analyse des Systems der familiären Langzeitpflege und dessen Auswirkungen auf die Lage pflegender Angehöriger* (S. 141–171). Graz: Leykam.

Mühlmann, R., Ludescher, M., Trukeschitz, B., & Schneider, U. (2007). Auswirkungen informeller Pflegetätigkeit auf das Erwerbsverhalten und Konsequenzen für ArbeitgeberInnen. Ein Literatursurvey. Forschungsberichte des Forschungsinstituts für Altersökonomie, 1/2007. Wien. http://epub.wu.ac.at/210/1/document.pdf. Zugegriffen: Jan. 2016.

Petzold, H. (2012). Transversale Identität und Identitätsarbeit. Die Integrative Identitätstheorie als Grundlage für eine entwicklungspsychologisch und sozialisationstheoretisch begründete Persönlichkeitstheorie und Psychotherapie – Perspektiven „klinischer Sozialpsychologie". In H. Petzold (Hrsg.), Identität. Ein Kernthema moderner Psychotherapie – interdisziplinäre Perspektiven. Wiesbaden. http://www.fpi-publikation.de/images/stories/downloads/textarchiv-petzold/petzold-2012q-transversale-identitaet-integrative-identitaetstheorie-persoenlichkeitstheorie.pdf. Zugegriffen: Jan. 2016.

Spee, A. v. (2015). Vereinbarkeit von Beruf und Pflegeverantwortung für hochaltrige Familienangehörige. Eine biografische Entwicklungsaufgabe. In SUPERVISION: Theorie-Praxis-Forschung, Ausgabe 07/2015. Hückeswagen. http://www.fpi-publikation.de/images/stories/downloads/supervision/spee-vereinbarkeit-beruf-pflegeverantwortung-familienangehoerige-biografisch-supervision-07-2015.pdf. Zugegriffen: Febr. 2016.

Spiegl, J. (2013). unicare – ein Projekt der Karl-Franzens-Universität Graz. Familienfreundlichkeit als Beitrag zur Nachhaltigkeit. In R. Augusta & S. Ferz (Hrsg.), *Gesellschaftliche Verantwortung leben. Wissen Sie nur oder handeln Sie schon?* (S. 192–203). Graz: Leykam.

Spiegl, J. (2016). Vereinbarkeit von Beruf und familiären Sorgepflichten – latenter Dauerkonflikt? In S. Ferz & H. Salicites (Hrsg.), *Mediation in Betrieben. Konfliktmanagement und Organisationsentwicklung im Arbeitsalltag* (S. 29–46). Wien: Verlag Österreich.

Über die Autorin

Julia Spiegl, Mag. Erwachsenenbildnerin, Supervisorin, Coach und Organisationsberaterin. Seit 2005 berufliche Tätigkeit an der Schnittstelle Beruf/Familie. Seit 2011 Leiterin der Abteilung unikid & unicare – universitäre Anlaufstelle für Vereinbarkeit der Universität Graz, Vereinbarkeitsbeauftragte und Auditbeauftragte der Universität Graz. Zuständigkeit: Sensibilisierung und Enttabuisierung sowie Beratung und Service zur Vereinbarkeit von Studium/Beruf und aktiven Sorgepflichten gegenüber minderjährigen und/oder pflegebedürftigen Angehörigen.

Sind wir dazu verpflichtet, uns in besonderem Ausmaß um die eigenen Eltern zu kümmern?

Zur Begründung parteilichen, fürsorgenden Verhaltens in der Eltern-Kind-Beziehung

Antonia M. Veitschegger

Die Beobachtung unserer sittlichen Praxis zeigt: Viele Menschen nehmen zusätzlich zu anderen familiären, beruflichen und sonstigen alltäglichen Aufgaben einiges an Druck und Stress auf sich, um ihre Eltern[1] zu unterstützen, insbesondere wenn diese durch Krankheit(en) von Pflegeleistungen abhängig sind. Der Aufwand, den sie für deren Wohlsein betreiben, übersteigt den für das Wohlsein ihnen vollkommen fremder Menschen (und oft auch den für ihr eigenes Wohlsein) betriebenen Aufwand um ein Vielfaches. Viele dieser Menschen sehen ein solches Verhalten als ihre Pflicht an, nicht zuletzt aufgrund der sozialen Rolle, die sie als Tochter/Sohn einnehmen. Die Verabsäumung eines solchen sorgenden Verhaltens wird im gesellschaftlichen Alltag moralisch getadelt. Sind wir also dazu verpflichtet, uns in besonderem Ausmaß um die eigenen Eltern zu kümmern, sie z. B. im Falle ihrer Pflegebedürftigkeit zu pflegen? Mündet parteiliches, fürsorgendes Verhalten notwendigerweise in bevormundende, paternalistische Praktiken? Führt die Betonung von Fürsorge zu Forderungen der Selbstaufgabe der Handelnden im Namen der Moral?

---

[1]Der Einfachheit halber spreche ich von „Eltern", ich verwende den Begriff aber nicht im Sinne von biologischer Elternschaft.

A.M. Veitschegger (✉)
Graz, Österreich
E-Mail: antonia.veitschegger@edu.uni-graz.at

Im Folgenden werde ich zunächst drei Positionen vorstellen, die von speziellen Pflichten gegenüber den eigenen Eltern (sogenannten „filialen Pflichten") ausgehen[2]: die Schuldtheorie, die Freundschaftstheorie und die Spezielle-Güter-Theorie. Dann werde ich dafür argumentieren, dass der Verweis auf filiale Pflichten allein nicht die adäquate Rechtfertigung für parteiliches Verhalten den eigenen Eltern gegenüber liefert und wir den Blick auf das Wohlwollen richten sollten, das durch parteiliches Verhalten zum Ausdruck gebracht werden kann. Ich werde grob eine Gesinnungsethik des Wohlwollens skizzieren, die parteiliches Verhalten den eigenen Eltern gegenüber rechtfertigen kann, sofern eine vertraute interpersonale Beziehung zwischen Kind und Eltern besteht. In Fällen, in denen keine interpersonale Beziehung (mehr) gelebt wird, ist die Unterstützung der Eltern durch das Kind womöglich anders zu bewerten. Filiale Pflichten werden von mir nicht abgestritten und eliminiert, sondern auf den Wert des Wohlwollens zurückgeführt. Es wird sich deshalb zeigen, dass die in diesem Beitrag vorgestellten Theorien filialer Pflichten zur Erforschung filialer Moralität überaus wichtig sind, da sie zentrale Aspekte des Wohlwollens enthalten.

Schuldtheorie
Gemäß der Schuldtheorie hat das Kind moralische Pflichten gegenüber seinen Eltern, weil es ihnen etwas schuldet.[3] Mark R. Wicclair formuliert die zugrunde liegende Annahme folgendermaßen:

> Parents provide care and support for their children while they are young. Providing proper care and support, even when children are generally healthy and parents are not poor, normally requires considerable sacrifices on the part of the parents. By bearing significant burdens for the sake of the welfare and the proper development of children, parents give special consideration to the interests of their children and

---

[2]Wenn es um die Moralität zwischen Kind und Eltern geht, ist häufig von *filialen* Pflichten die Rede. Filiale Pflichten sind eine Form *spezieller* moralischer Pflichten im Gegensatz zu *natürlichen* moralischen Pflichten, die man gegenüber allen Menschen *qua* Menschen hat (z. B. Pflichten der Gerechtigkeit, des Respekts, der Nicht-Schädigung u. Ä.). Spezielle Pflichten werden als diejenigen Pflichten verstanden, die ein Mensch nicht allen, sondern nur manchen Menschen gegenüber hat. Beispielsweise hat eine Ärztin/ein Arzt ihren/seinen PatientInnen gegenüber spezielle Pflichten, ein Vater seinen Kindern gegenüber und jemand, die/der einer bestimmten Person ein Versprechen gegeben hat, hat derjenigen Person gegenüber die spezielle Pflicht, dieses Versprechen auch zu halten. Filiale Pflichten sind folglich die speziellen Pflichten eines Kindes gegenüber seinen Eltern.
[3]In der englischsprachigen Literatur hat sich der Begriff der *debt theory* eingebürgert. In weiterer Folge diskutiere ich außerdem die Ansicht, die in der englischsprachigen Literatur auch als *parental sacrifices model* bezeichnet wird.

often put the interests of children above their own. In view of the special consideration that parents gave their children when the latter were young and dependent, justice requires that grown children give special consideration to their parents when they become old and dependent (Wicclair 1990, S. 164).

Im strikten Pochen auf Gerechtigkeit besteht aber die Gefahr, dass wechselnden Lebensverhältnissen und -situationen nicht angemessen Rechnung getragen werden kann, worauf auch Simon Keller verweist: „The nature of my debt does not alter with your needs, my financial situation, my lifestyle choices, or the ongoing state of our relationship" (Keller 2006, S. 256).

Angenommen, meine Eltern benötigten noch viel größere Unterstützung in ihrem Alltag, als sie mir jemals zur Verfügung stellten. Weiter angenommen, ich bin in der (finanziellen, sozialen, körperlichen, emotionalen etc.) Lage, ihnen diese Unterstützung zukommen zu lassen. Die Reichweite meiner filialen Pflichten würde gemäß einer Schuldtheorie dennoch nur so weit gehen, soweit sie dem mir von meinen Eltern bereits an Gutem Erhaltenem entspricht (oder zumindest müsste diese Theorie eine zusätzliche Erklärung abgeben, warum das anders sein sollte). Doch vieles entzieht sich einer Quantifizierung: Welche filiale Pflicht entspricht z. B. den Klavierstunden, die ich als Kind besuchen konnte? Besteht meine filiale Pflicht im Aufbringen der gleichen Summe an Geld für meine Eltern, die sie damals für mich ausgegeben haben? Oder habe ich die Pflicht, ihnen ebenso viel Freude zuteilwerden zu lassen, wie ich sie aus den Klavierstunden schöpfen konnte? Jeffrey Blustein (1982) führt in diesem Zusammenhang kritisch aus, dass jemand keine Schuld auf sich laden kann aufgrund von Fürsorge, um die sie/er nicht gebeten hat bzw. die sie/er eventuell gar nicht ablehnen konnte.

In der Schuldtheorie kommt dennoch ein wichtiger Aspekt unseres Alltagsverständnisses von persönlichen Beziehungen, auch der Beziehung zu unseren Eltern, zum Ausdruck: Eine geglückte persönliche Beziehung beruht zu großen Teilen auf Reziprozität. Selbst wenn also keine Pflicht auf Rückerstattung bestehen kann, so könnte man zumindest davon ausgehen, dass jemand, der/dem viel Gutes vonseiten ihrer/seiner Eltern entgegengebracht wurde, Dankbarkeit empfindet und diese auch zeigen möchte.

Freundschaftstheorie
Der Freundschaftstheorie zufolge gibt es spezielle Pflichten, die Kinder ihren Eltern gegenüber haben, insofern deren Beziehung zueinander eine freundschaftliche ist. Diane Jeske (2008a, b) geht davon aus, dass vertraute Beziehungen spezielle Pflichten hervorbringen, und versucht zu klären, *warum* dem so ist. Sie vergleicht dazu

vertraute Beziehungen mit der Beziehung zwischen dem/r GeberIn und dem/der AdressatIn eines Versprechens. Beide sind Jeske zufolge Gegenstand von Wahlhandlungen, wobei die vertraute Beziehung von einer viel komplexeren Wahlhandlung (in Form von zahlreichen Interaktionen verschiedenen Typs) konstituiert wird: „Echte Vertrautheit kann nicht erzwungen werden, aber sie kann auch nicht in einer einzigen isolierten Handlung gewählt werden, vergleichbar der Aussage: ‚Ich verspreche'" (Jeske 2008a, S. 231). Jeske versteht Pflichten, die aus vertrauten Beziehungen erwachsen, als freiwillig gewählt: Vertraute Beziehungen sind folglich ein beiderseitiges Projekt zweier Menschen, das Ausdruck ihrer Autonomie ist.[4] Wie aber ist es um den Inhalt dieser beiderseitigen Pflichten einander vertrauter Personen bestellt?

> Von ihnen wird verlangt, sich füreinander zu interessieren und die Freundschaft zu erhalten [...]. Wenn Tracy meine Freundin ist, dann gibt es keine besonderen Handlungen, zu denen ich vielleicht verpflichtet wäre, es sei denn, bestimmte besondere Handlungen sind notwendige Bedingungen meines persönlichen Interesses an Tracy und der Aufrechterhaltung unserer Freundschaft (ebd., S. 232).

Jeskes Position hat vor allem mit dem Einwand zu kämpfen, dass es unplausibel ist, Menschen zu gegenseitiger Vertrautheit, Liebe oder gegenseitigem Interesse etc. zu *verpflichten*. Menschen können zu bestimmtem Verhalten verpflichtet werden, nicht aber zu bestimmten inneren Zuständen.

Die Freundschaftstheorie betont, dass es bei der Formulierung filialer Pflichten nicht auf eine biologische oder rechtliche Verbundenheit mit meinen Eltern ankommt, sondern darauf, ob unsere Beziehung eine der Vertrautheit ist. Eine solche Beziehung ist mir nicht aufoktroyiert, sondern vertraute Beziehungen werden als wichtiges Moment der Autonomie einer Person herausgestrichen. Jeske hebt außerdem hervor, dass unser Interesse am Wohlsein anderer ein entscheidender Faktor der Moralität ist.

Besondere-Güter-Theorie

Die Besondere-Güter-Theorie setzt im Gegensatz zu Freundschaftstheorien die Eltern-Kind-Beziehung *als solche* in den Fokus und formuliert filiale Pflichten nicht aufgrund von Analogien zu anderen Beziehungen. Die Theorie stammt von Simon Keller, der in seinem Artikel „Four Theories of Filial Duty" (2006) betont, dass die Eltern-Kind-Beziehung einzigartig ist: „The kind of relationship that you have with your parents [...] does not have much in common with relationships

---

[4]Jeske versteht Projekte als langfristige Wünsche (z. B. ist mein Wunsch, zum Wohlsein meiner Eltern beizutragen, ein langfristiger) im Gegensatz zu kurzfristigen Wünschen (z. B. mein Wunsch, jetzt einen Salat zu essen. Vgl. hierzu: Jeske 2008b, S. 30).

that you are likely to have with anyone else" (Keller 2006, S. 264). Keller geht davon aus, dass sowohl Kind als auch Eltern von einer gesunden Beziehung miteinander auf ganz besondere (und in keiner anderen Beziehung mögliche) Weise profitieren. Aus den speziellen Gütern einer Eltern-Kind-Beziehung erwachsen, so Keller, spezielle Pflichten auf beiden Seiten.

Aber von welchen besonderen Gütern spricht Keller? Es ist auffallend, dass er in seinem Aufsatz sehr wenig Platz darauf verwendet, sie zu beschreiben. Die Charakterisierung der Güter, die *ausschließlich* in der Eltern-Kind-Beziehung erlangt werden können, ist geradezu dürftig[5]:

> Having been responsible for their children's upbringing, and especially if they are the birth parents, they may have important traits in common with their children, seeing in them a kind of younger version of themselves; they are in any case likely to identify with and have special understanding of their children. In being part of their children's adulthood, parents may experience a sense of continuity and transcendence, a feeling that they will, in some respect, persist beyond their own deaths (ebd., S. 266 f.).
>
> Grown children will also gain special goods through a healthy relationship with their parents. There is a special value in having a *parent* from whom to seek advice […]. An ongoing healthy relationship with a parent can provide a link between your life's different stages; through your parent's perspective, you can be helped to see how the various parts of your childhood and adulthood are connected, and are all yours. And an understanding of the parents who produced you can enhance your understanding of yourself (ebd., S. 267).

Meines Erachtens kann auf Grundlage von Kellers Ausführungen auf *ein* besonderes Gut geschlossen werden, das den Eltern durch das Kind zuteilwerden kann: das Gefühl der Kontinuität des eigenen Lebens durch die Identifikation mit dem Kind. Wenn Keller also seiner eigenen Theorie folgt – nämlich, dass es „duties to provide the special goods to your parents" (ebd., S. 268) gibt –, dann kommt er nicht umhin, vom Kind Entscheidungen und Handlungen einzufordern, die dessen Selbstbestimmung verletzen. Eine Pflicht, den Eltern als Identifikationsfläche zu dienen, wäre ihrem Wesen nach eine Pflicht zur Fremdbestimmung. Nichtsdestotrotz liefert Kellers Theorie wichtige Aspekte: Die speziellen Güter, die in einer Eltern-Kind-Beziehung verwirklicht werden können, erklären die hohe Wahrscheinlichkeit, mit der diese Beziehung eine vertraute Beziehung ist, die Gefühle des Wohlwollens der/dem Anderen gegenüber hervorbringt. Meine Eltern können das Bild, das ich von mir selbst habe, durch ihr Wissen um Aspekte meiner Kindheit vervollständigen,

---

[5]Keller widmet sich in längeren Ausführungen solchen Gütern, die theoretisch auch andere Beziehungen bereitstellen können und betont – wohl als Verteidigung dieser Taktik –, dass sie aber aufgrund biologischer, kultureller oder sonstiger Faktoren *am ehesten* in der Beziehung zwischen Kind und Eltern auftreten.

während sie in mir eventuell Anteile von sich selbst weiterleben sehen. Mit hoher Wahrscheinlichkeit kann die Eltern-Kind-Beziehung also eine Beziehung sein, die für das eigene Leben sehr aussagekräftig ist. Allerdings kann nicht von einer *Verpflichtung* zur Bereitstellung dieser speziellen Güter gesprochen werden, da ansonsten die Autonomie des Kindes verletzt werden würde.

6.1 Filiale Moralität als Pflichterfüllung?

Kann ich mein parteiliches Verhalten meinen Eltern gegenüber allein durch den Verweis auf Pflichten begründen? Und weiter: Ist denn Moralität in erster Linie als Erfüllung von Pflichten zu verstehen? Setzen wir uns mit folgendem Beispiel von Michael Stocker (1998, S. 33) auseinander: Angenommen, ich sei in einem Krankenhaus und erhole mich von einer langen Krankheit. Mein Sohn kommt mich, wie so oft, besuchen und versucht, mich aufzumuntern, was ihm auch gelingt. Dann erfahre ich aber, dass er nicht speziell meinetwegen vorbeigekommen ist, also nicht etwa, weil wir in einer liebenden Mutter-Sohn-Beziehung zueinander stehen, sondern weil er stets versucht, das zu tun, was er für seine Pflicht hält, und er dachte, es sei seine spezielle filiale Pflicht, mich zu besuchen und aufzumuntern.[6] Die meisten Menschen, auch ich, würden den pflichtbewussten Besuch des Sohnes als weniger moralisch wertvoll beurteilen als einen Besuch aus, sagen wir, Liebe heraus. Verschärfen wir das Beispiel durch die Annahme, mein Sohn würde aus Bosheit handeln (weil er z. B. denkt, ich hasste solche Besuche) und mir ungewollt Gutes tun, würden die meisten sein Handeln – trotz der Erfüllung seiner filialen Pflicht und der positiven Konsequenzen – sogar als moralisch verwerflich beurteilen.[7] Wir sehen: Handelte ich nicht nur gemäß ethischer Prinzipien, sondern auch *aus ihnen heraus* (wären sie also nicht bloß normativer, sondern gleichermaßen motivierender Grund meiner Handlung[8]),

---

[6]Ich habe dieses Beispiel gekürzt und abgewandelt.

[7]Ich glaube, dass Urteile wie dieses mit besonderem Stellenwert in eine ethische Theorie integriert werden müssen. Sie weisen uns nämlich auf eine wichtige handlungstheoretische Erkenntnis hin: Es ist möglich, dass sich zwei Handlungen in ihren äußerlichen Eigenschaften (Bewegungen, Äußerungen etc.) gleichen, ihre Intention aber eine andere ist. Daher sind auch die Handlungen voneinander zu unterscheiden (vgl. hierzu: Danto 2009). Das bedeutet, dass eine Handlung aus Bosheit eine andere Handlung ist als die äußerlich ununterscheidbare Handlung aus Liebe – wir betreten den moralischen Bereich, wenn wir sagen, sie sei eine *schlechtere* Handlung. Diese Einsicht, die in unser Alltagsverständnis eingeflossen ist, muss sich auch in der Ethik niederschlagen.

[8]Zur Unterscheidung zwischen normativen und motivierenden Gründen vgl. Smith (2002).

handelte ich gemäß unseres Alltagsverständnisses womöglich nicht moralisch wertvoll. Ich handelte in einem solchen Fall nämlich – selbst wenn ich einer liebenden Person eine Freude bereitete – eben gerade nicht um *der Person*, sondern um der Erfüllung des Prinzips willen.

Ich favorisiere daher eine Theorie der filialen Moralität, die Handlungen in erster Linie nicht in Hinblick auf Pflichterfüllung beurteilt, sondern die in ihnen wirksamen motivierenden Gründe für deren Bewertung an erste Stelle stellt.

6.2 Filiale Moralität als Wohlwollen

Inwiefern können wir nun parteiliches Verhalten den eigenen Eltern gegenüber moralisch rechtfertigen? Ich vertrete die Annahme, dass Handlungen in erster Linie nicht in Hinblick auf die Erfüllung einer Pflicht, sondern auf die in ihnen wirksamen motivierenden Gründe zu beurteilen sind (man kann daher von einer *Gesinnungs*ethik sprechen). Es sind demzufolge diejenigen Handlungen moralisch wertvoll, die das Wohlwollen der/s Handelnden zum Ausdruck bringen. Wohlwollen ist das Interesse am Wohlsein anderer. Ist meine Handlung durch Wohlwollen motiviert, bedeutet das, dass ich der Überzeugung bin, meine Handlung befördere das Wohlsein der/des Anderen. Handlungen, die kein Wohlwollen (oder sogar etwas Gegenteiliges wie Bosheit) zum Ausdruck bringen, sind moralisch weniger wertvoll (oder sogar moralisch verwerflich).[9] Folgen wir diesen grob skizzierten Annahmen, können wir die Bevorzugung der Interessen unserer Eltern, sofern wir eine vertraute Beziehung zu ihnen haben, moralisch rechtfertigen: In unserem parteilichen Verhalten ihnen gegenüber tritt eine besondere Form des Wohlwollens zutage, die moralisch wertvoll ist.

Doch wie beurteilen wir die vielen praktischen Fälle, in denen z. B. Pflegeleistungen den eigenen Eltern gegenüber aufgrund von Pflichtbewusstsein ausgeübt werden? Handeln nur jene Kinder moralisch wertvoll, die ihre Eltern in jedem Moment aus Liebe heraus unterstützen? Natürlich nicht: Wir dürfen meines Erachtens nicht dem Trugschluss erliegen, die Betonung des Wohlwollens schließe ein Handeln aus Pflichtbewusstsein aus dem Bereich der Moralität aus. Auch wenn ich eine vertraute Beziehung zu meinen Eltern habe, werde ich sie manchmal aus Pflichtbewusstsein und nicht rein aus Liebe unterstützen.

---

[9]Ich nehme hier Anleihen an Slote (2001), verwende aber statt „Fürsorge" *(care)* den Begriff „Wohlwollen", da Fürsorge, gerade in verschiedenen Spielarten der Fürsorgeethik, eben nicht vorrangig als motivierender Grund, sondern als Arbeit und Praxis verstanden wird (vgl. hierzu Held 2005).

Insbesondere trifft das sicherlich auf belastende Situationen in einer Eltern-Kind-Beziehung zu. Ein Beispiel für eine solche Situation findet sich bei Michael Slote:

> While I am visiting my sick mother in the hospital, I may have to do a number of things on her behalf: consult with doctors, find out about second opinions, keep her affairs at home in order, investigate legal issues about her will, etc. All of these can take time and energy and be very wearing, and at a certain point it would be understandable if I [...] were tempted to skimp on these activities in a way that would allow me to have more free time to see friends or have a really good meal or have one evening, finally, to myself (Slote 2001, Position 1187–1192).

Eventuell entscheide ich mich in einer solchen Situation unter anderem deshalb dazu, meine Mutter weiterhin zu unterstützen, weil ich mich als ihre Tochter/ihr Sohn dazu verpflichtet fühle. Das zeigt eine Distanz, die ich zu meiner Mutter sonst vielleicht nicht einnehme, und würde von Außenstehenden womöglich moralisch getadelt. Dennoch ist es eine Handlung, die moralisch wertvolle Elemente besitzt. Denn selbst in belastenden Situationen wie der beschriebenen ist es sehr unwahrscheinlich, dass ich *ausschließlich* aus Pflichtbewusstsein und aus vollkommener Indifferenz meiner Mutter gegenüber handle. Und selbst wenn das der Fall wäre, hätte mein Handeln noch wertvolle Elemente: Denn eine Person, die rein aus Pflichtbewusstsein handelt,

> [...] lacks the concern for others we think so highly of in someone who is benevolent or really cares about others, but he at least puts something (the moral law if not, except derivatively, the welfare of others) ahead of his own self-interest and to that extent possesses a trait we (also) think well of in the benevolent individual. Ideal benevolence involves (intrinsic) concern for others and limits to (intrinsic) self concern or self-absorption, and both factors are thought of as having moral value (ebd., Position 1096–1101).

Moralisch *verwerflich* wäre es demnach nur, würde ich meine Mutter absurderweise aus Bosheit unterstützen[10] oder es aus z. B. Faulheit unterlassen, sie zu

---

[10]Eine Handlung aus Bosheit ist moralisch verwerflich, eine Handlung aus Pflichtbewusstsein besitzt moralisch wertvolle Elemente, ist aber sehr viel weniger moralisch wertvoll als eine Handlung aus Wohlwollen. Warum diese Hierarchie? Von Moralität kann erst ab mindestens zwei Menschen, die sich zueinander verhalten, die Rede sein. Der Kern der Moralität ist daher die zwischenmenschliche Beziehung, das Ideal das wohlwollende Handeln von Menschen einander gegenüber (also die geglückte zwischenmenschliche Beziehung). Die Hierarchie der motivierenden Gründe basiert daher auf folgenden Annahmen: Bosheit steht der Beziehung entgegen, Pflichtbewusstsein erkennt sie womöglich an (betont aber tendenziell die Unabhängigkeit der/des Einzelnen von Anderen), Wohlwollen aber fördert und stärkt die Beziehung zwischen zwei Menschen.

unterstützen. Aber Vorsicht: Sie nicht zu unterstützen, ist nicht automatisch moralisch verwerflich. Ansonsten würde eine Wohlwollensethik in eine Ethik der Selbstaufopferung münden, die von der/dem moralischen Akteur/in forderte, eigene Interessen *stets* hintanzustellen. Hier sind wir an einem wichtigen Punkt angelangt: Auch das Wohlwollen sich selbst gegenüber muss in einer ethischen Theorie Einzug finden. Gerade in Hinblick auf sehr belastende Familiensituationen (z. B. manche Pflegesituationen) wird das offensichtlich. Doch wie äußert sich ein Wohlwollen sich selbst gegenüber? Ein wichtiger Aspekt des Wohlwollens sich selbst gegenüber ist das Wahren der eigenen Autonomie nicht nur im Sinne moralischer Integrität, sondern auch im Sinne *personaler* Integrität, sprich: Authentizität.

Eine Freundin teilte mir im persönlichen Gespräch mit, dass es ihr bei der Unterstützung ihrer Eltern wichtig sei, sich selbst als Person mit ihren Fähigkeiten und Interessen einzubringen. So helfe sie z. B. mit großem Einsatz dabei, deren Garten zu pflegen, während ihr Vater seine Buchhaltung selbst erledigt. Es geht hier nicht darum, die eigenen Eltern nur in den Tätigkeiten zu unterstützen, die einem „Spaß machen". Handlungen gemäß der personalen Integrität können große Anstrengungen oder sogar Opfer beinhalten, die allerdings mit den eigenen Projekten und Haltungen nicht im Widerspruch stehen. Es geht darum, Authentizität als moralischen Aspekt zu betrachten, der nicht so einfach übergangen werden darf.

Es gilt aber nicht nur die eigene Autonomie, sondern auch die der/des Anderen in eine Theorie der filialen Moralität als Wohlwollen zu integrieren, ansonsten schiene es gerechtfertigt, die geliebten Eltern im Lichte ihres Wohles in ihrer Lebensführung zu bevormunden. Man würde damit paternalistischen Praktiken Tür und Tor öffnen. Sehen wir uns folgendes Beispiel an: Angenommen, mein Vater ist leidenschaftlicher Schwimmer. Eines Tages erhält er die ärztliche Verordnung, nicht mehr schwimmen zu gehen, weil sich ansonsten sein Gesundheitszustand mit der Zeit stark verschlechtern würde. Mein Vater entscheidet sich dazu, dennoch weiterhin schwimmen zu gehen. Ist es moralisch wertvoll, meinen Vater davon abzuhalten, weiterhin schwimmen zu gehen? Bei der Diskussion dieser Frage möchte ich insbesondere auf zwei Punkte hinweisen: Erstens hängt die Bewertung meiner Handlung, meinen Vater vom Schwimmen abzuhalten, von der Autonomie der Entscheidung meines Vaters ab, weiterhin schwimmen zu gehen. Zweitens hängt sie davon ab, *wie* ich meinen Vater „abhalte", also welche bestimmte Handlung ich setze. Wenden wir uns dem ersten Punkt zu: Die Frage nach der Autonomie der Entscheidung meines Vaters ist wichtig, wenn ich davon ausgehe, dass ich nur dann dazu berechtigt bin, in seine Lebensführung einzugreifen, sofern er selbst nicht *vollständig autonom im Lichte seiner eigenen Ziele handelt* (vgl. Gutwald 2010, S. 73). Wenn er selbst nicht erkennt, was die besten Mittel zur Erreichung seiner Ziele sind – und angenommen, Gesundheit wäre eines dieser Ziele –, dann dürfte ich eventuell in seine Lebensführung Einfluss nehmen. Ein wichtiger Aspekt der autonomen Entscheidung ist die Möglichkeit der Nennung entscheidungsrelevanter Gründe (vgl. Rinofner-Kreidl 2012, S. 264). Wenn mein Vater die gesundheitsschädlichen Implikationen des Schwimmens nicht in seinen Entscheidungsprozess mit einbezieht, erfüllt seine Entscheidung die Forderungen der Autonomie nicht – es wäre also eventuell moralisch wertvoll, ihn vom Schwimmen abzuhalten, auch wenn er sich dafür entschieden hat. Angenommen aber die Entscheidung meines Vaters wäre in diesem Sinne autonom, dass er sich der gesundheitsschädlichen Implikationen durchaus bewusst ist, aber dennoch dafür argumentiert, schwimmen zu gehen, und zwar auf der Grundlage dessen, dass es seine Authentizität in hohem Maße behinderte, nicht schwimmen zu gehen. Im Lichte dessen wäre mein Eingreifen in seine Lebensführung weniger moralisch wertvoll oder sogar verwerflich. Das darin zum Ausdruck kommende Wohlwollen wäre fragwürdig, da es wichtige Faktoren des Wohlseins meines Vaters ausklammerte. Für den Wert meiner Handlung ist aber auch entscheidend, *wie* ich meinen Vater vom Schwimmen abhalte. Zwinge ich ihn, seine Wohnung nicht zu verlassen, ist das moralisch bedenklich. Ich könnte aber weniger extreme Mittel anwenden und dennoch moralisch eher bedenklich handeln, denn „ein bedenklicher Paternalismus [muss] nicht immer Zwang beinhalten – er kann auch durch subtilere Maßnahmen wie Lüge, Verschleierung oder Manipulation der Rahmenbedingungen geschehen" (Gutwald 2010, S. 91). Das wäre z. B. der Fall, würde ich die Badehosen meines Vaters verstecken, damit er sich dazu entschließt, nicht ins Schwimmbad, sondern stattdessen spazieren zu gehen. Meines Erachtens wäre eine Möglichkeit des moralisch zulässigen (oder sogar wertvollen) Eingriffs in die Lebensführung meines Vaters, ihn auf die Situation anzusprechen, seine Entscheidungsgründe zu erfragen und ihm – unter Klarstellung der eigenen Sichtweise – alternative Möglichkeiten der körperlichen Betätigung vor Augen zu führen, die ihm vielleicht auch Freude bereiteten, aber seine Gesundheit nicht schädigen. Gutwald argumentiert dafür, dass ein zulässiger Paternalismus ergebnisoffen bleiben muss, „sodass die Entscheidung dem Einzelnen überlassen wird" (ebd., S. 91).

6.3 Resümee: Wohlwollen im Kontext

Wohlwollen ist kontextsensitiv. Daher finden einige wichtige Aspekte der vorgestellten Begründungstheorien filialer Pflichten in die Theorie der filialen Moralität als Wohlwollen Einzug. So impliziert die Schuldtheorie die Annahme, dass ich, wurde mir von meinen Eltern eine schöne Kindheit ermöglicht, vermutlich dankbar und wohlwollend darauf reagiere und dieses Wohlwollen ihnen gegenüber auch in irgendeiner Form zum Ausdruck bringe. Ist das nicht der Fall, zeigt mein Unterlassen solcher Handlungen eine Form der Abgestumpftheit, die wohl kaum mit einer wohlwollenden Haltung zu vereinbaren ist. Auch das Interesse am mir lieb gewonnenen Gegenüber, wie es Jeske in ihrer Freundschaftstheorie herausstreicht, kann für eine gelungene Form des Wohlwollens entscheidend sein. Gut gemeintes Handeln, das überhaupt nicht auf die Eigenheiten meines Gegenübers reagiert, ist kurzsichtig und daher eine eher wenig geglückte Form des Wohlwollens. Wohlwollen bezieht Interesse am (kulturellen, institutionellen etc.) Kontext der Personen, mit denen wir interagieren, mit ein. Handeln wir aus Interesse am Wohlsein von anderen, so ist es integraler Bestandteil dieses motivierenden Grundes, Wissen darüber haben bzw. erwerben zu wollen, durch welche Handlungen dieses Wohlsein erreicht werden kann. Das Führen einer vertrauten Beziehung, so Jeske, ist Ausdruck der eigenen Autonomie, da man nicht dazu gezwungen werden kann. Es beinhaltet also Wohlwollen einer anderen, aber auch der eigenen Person gegenüber und hat daher besonderes moralisches Gewicht. Kellers Spezielle-Güter-Theorie verweist schließlich darauf, warum gerade Eltern-Kind-Beziehungen dazu geeignet sind, Vertrautheit und damit Wohlwollen als motivierenden Grund hervorzubringen: Mit kaum sonst jemandem habe ich die Chance, eine solche emotionale Nähe zu verspüren wie mit meinen Eltern, die mein Leben von Beginn an kennen. Aus Interesse an diesen Menschen zu handeln, ist insbesondere wertvoll.

6.4 Ausblick

Ich habe in diesem Beitrag versucht zu zeigen, dass parteiliches Verhalten den eigenen Eltern gegenüber aufgrund des besonderen Wohlwollens, das darin zum Ausdruck kommt, moralisch gerechtfertigt ist. Philosophische Theorien zur Begründung spezieller filialer Pflichten enthalten wichtige Aspekte des Wohlwollens, sie allein rechtfertigen Parteilichkeit aber nicht. Behandeln wir unsere Eltern in besonderer Weise, dann müssen wir darauf achten, die eigene wie auch die Autonomie unseres Gegenübers zu wahren, um selbstaufopfernde oder paternalistische Praktiken zu vermeiden. Aus dem hier Gesagten ergeben sich viele weiterführende Forschungsfragen, wie z. B.:

- Welche Rolle spielen unbewusste motivierende Gründe für die Bewertung unseres Handelns?
- Wie ist der Handlungsgrund des Wohlwollens weiter zu qualifizieren, sodass gut gemeintes Handeln, das – z. B. aufgrund von vermeidbarem Unwissen – zu negativen Konsequenzen führt, getadelt werden kann?

- Inwiefern leiten sich Pflichten aus unseren Bewertungen von Handlungen ab?
- Kann humanitäres Wohlwollen in die skizzierte Ethik Einzug finden oder ist hier Moralität auf ein privates Umfeld beschränkt?
- Kann und soll man von motivierenden Handlungsgründen auf den Charakter eines Menschen schließen?

Viele Fragen bleiben also offen. Dennoch konnten wichtige Punkte einer Gesinnungsethik des Wohlwollens herausgestrichen und konnte gezeigt werden, dass Parteilichkeit nichts *per se* moralisch Verwerfliches ist – ganz im Gegenteil. Warum und wie wir unsere Eltern unterstützen und inwiefern unser Verhalten gesellschaftlich bewertet wird, muss aber Gegenstand der moralischen Reflexion bleiben.

Literatur

Blustein, J. (1982). *Parents and children: The ethics of the family*. Oxford: Oxford University Press.

Danto, A. C. (2009). *Analytical philosophy of action*. Cambridge: Cambridge University Press.

Gutwald, R. (2010). Autonomie, Rationalität und Perfektionismus. Probleme des weichen Paternalismus im Rechtfertigungsmodell der Bounded Rationality. In B. Fateh-Moghadam, S. Sellmaier, & W. Vossenkuhl (Hrsg.), *Grenzen des Paternalismus* (S. 73–93). Stuttgart: Kohlhammer.

Held, V. (2005). *The ethics of care: Personal, political, and global*. Oxford: Oxford University Press.

Jeske, D. (2008a). Familien, Freunde und besondere Verpflichtungen. In A. Honneth & B. Rössler (Hrsg.), *Von Person zu Person. Zur Moralität persönlicher Beziehungen* (S. 215–253). Frankfurt a. M.: Suhrkamp.

Jeske, D. (2008b). *Rationality and moral theory: How intimacy generates reasons*. New York: Routledge.

Keller, S. (2006). Four theories of filial duty. *The Philosophical Quarterly, 223*(06), 254–274.

Rinofner-Kreidl, S. (2012). Selbstbestimmung: ein Stufenmodell zur Klärung eines fundamentalen Begriffs. In R. Esterbauer & M. Ross (Hrsg.), *Den Menschen im Blick. Phänomenologische Zugänge* (S. 259–279). Würzburg: Königshausen & Neumann.

Slote, M. (2001). Morals from motives. Oxford: Oxford University Press (E-Book).

Smith, M. (2002). Die humeanische Theorie der Motivation. In R. Stoecker (Hrsg.), *Handlungen und Handlungsgründe* (S. 125–156). Paderborn: mentis.

Stocker, M. (1998). Die Schizophrenie moderner ethischer Theorien. In K. P. Rippe & P. Schaber (Hrsg.), *Tugendethik* (S. 19–41). Stuttgart: Reclam.

Wicclair, M. R. (1990). Caring for frail elderly parents: Past parental sacrifices and the obligations of adult children. *Social Theory and Practice,* 2(1990), 163–189.

Über die Autorin

Antonia Veitschegger, BA BA Studium der Philosophie und Kunstgeschichte. 2015 Auslandssemester (ERASMUS+) in Bergen, Norwegen. Seit 2010 als Kunstvermittlerin am Universalmuseum Joanneum (Kunsthaus Graz, Neue Galerie Graz) tätig. Zuständigkeit: Schwerpunkt mediale Vermittlung (Begleithefte, Audio Guides, App u. a.), personale Vermittlung (Ausstellungsrundgänge, Kinderworkshops u. a. Kunstvermittlungsprojekte), organisatorische Tätigkeiten. Weitere berufliche Erfahrungen am Institut für Geschichte der Philosophie der Universität Graz als studentische Mitarbeiterin und im Kulturzentrum bei den Minoriten Graz.

7 Mütter in Führungspositionen – eine österreichische Ausnahmeerscheinung

Hürden und mögliche Lösungsansätze aus Sicht betroffener Frauen

Hannah Jaeger

Wenn ich vor eine Aufgabe wie jene, einen Beitrag zu verfassen, gestellt werde, gibt es für mich tatsächlich auch den Hauch einer Chance, sie zu erfüllen. Das ist nicht selbstverständlich, denn mit drei Kindern, zwei Jobs, verschwindend geringen finanziellen Mitteln und einer lediglich vagen Vorstellung davon, was „Freizeit" bedeutet, geht eine derartige Herausforderung nun mal nicht so leicht von der Hand. Es gibt in meinem Leben aber einen entscheidenden Faktor, der es mir möglich macht, ein solches Vorhaben dennoch zu realisieren. Es ist ein in Österreich (aber vermutlich auch anderswo) wenig bekanntes und beinahe mystisches Wesen: der sich um Haushalt und Kinder kümmernde Mann.

7.1 Genderspezifische Unterschiede bei Erwerbsarbeit und Kinderbetreuung

Laut Zahlen der Statistik Austria scheine ich vom Glück begünstigt. Zwar nimmt die weibliche Erwerbstätigkeit kontinuierlich zu, nach wie vor sind aber in erster Linie Frauen für Kindererziehung und Haushalt zuständig. Dies zeigen Statistiken, die sichtbar machen, dass sich die Erwerbstätigenquoten von Frauen und Männern im Alter von 25 bis 49 Jahren zwar nach und nach angleichen (der Unterschied betrug 2014 nur noch 7,5 %), leben jedoch Kinder im betreuungspflichtigen Alter (unter 15 Jahren) im gemeinsamen Haushalt, so ist der Unterschied wesentlich größer (17 %). Auch zwischen Frauen mit Kindern und Frauen

H. Jaeger (✉)
Wien, Österreich
E-Mail: hannah-jaeger@gmx.ch

© Springer Fachmedien Wiesbaden GmbH 2017
J. Spiegl (Hrsg.), *Vereinbarkeit von Beruf und familiären Sorgepflichten*,
DOI 10.1007/978-3-658-14575-0_7

ohne Kinder gibt es einen Unterschied von 13 % in der Erwerbstätigenquote (vgl. Bundesministerin für Frauen und Öffentlichen Dienst im Bundeskanzleramt Österreich 2010, S. 168).

Während der Anteil von Vätern in Vollzeitpositionen leicht höher ist als jener von Männern ohne Kinder, arbeiten die meisten Frauen, die *mit* Kindern erwerbstätig sind, in Teilzeitbeschäftigungen (47,1 %) – erstgenannter Grund hierfür: Betreuungspflichten (vgl. Statistik Austria 2014a, b). Einer Studie zur Repräsentanz von Frauen in Führungspositionen, die 2006 vom (damaligen) Österreichischen Bundesministerium für Gesundheit und Frauen in Auftrag gegeben wurde, ist zu entnehmen, dass etwa die Hälfte der befragten Unternehmen lange Arbeitszeiten als Grundvoraussetzung für den „Aufstieg nach oben" nennen (vgl. Fuchshuber 2006, S. 68). Dass die Chancen von Müttern, unter solchen Bedingungen mit Führungsaufgaben betraut zu werden, gering sind, scheint also in Anbetracht des zuvor genannten Ungleichgewichts in Haushaltsführung und Kinderbetreuung naheliegend. Die in der Gesetzgebung vorgesehene Gleichstellung von Mann und Frau (vgl. Bundesministerium für Frauen und Öffentlichen Dienst 2009) schlägt sich offenkundig aus eindeutig bestimmbaren Gründen nicht in der Lebenswirklichkeit von Frauen (und Männern) nieder.

7.2 Mutterrolle und Führungsposition – ein Oxymoron

Vor diesem Hintergrund verwundert es kaum, dass der Anteil von Müttern in Führungspositionen verschwindend klein ist. Die Zahlen sprechen für sich: Für Frauen in Österreich ist es generell schwierig, in Managementpositionen zu gelangen: Nur ca. 30 % der vorhandenen Stellen werden hierzulande von Frauen eingenommen (vgl. König 2011, S. 20 ff.). An Unternehmensspitzen sind Frauen sogar noch unterrepräsentierter. Je höher die Position, desto dünner wird die Luft – in den Top 200 Golden Trend Unternehmen Österreichs liegt der Frauen-Anteil in Vorständen bzw. Geschäftsleitungen nur noch bei 4,4 % (vgl. ebd.). Für Frauen mit Kinderbetreuungspflichten ist es noch einmal um ein Vielfaches schwieriger, in eine leitende Position vorzurücken. Dies zeigt ein Blick in den „Führungskräfte Monitor" 2013 der AK Oberösterreich, dem zufolge der Anteil an Führungskräften bei Frauen über 45, die ihre Berufslaufbahn nicht unterbrochen haben, bei 17 % liegt, während er bei Frauen über 45, die ihre Laufbahn aufgrund von Familiengründung unterbrochen haben, lediglich 7 % beträgt (vgl. AK Oberösterreich 2013, S. 4 f.).

Im Lichte dieser Zahlen drängt sich unweigerlich die Frage auf, wie um alles in der Welt jene rar gesäten Mütter, die trotz widrigster Umstände in eine führende

Position gelangt sind, die Schwierigkeit meistern, ihre Führungsaufgaben mit ihrem Familienleben zu vereinbaren. Gehören sie zu jenen wenigen Frauen, die in einer Partnerschaft leben, in der die Aufgaben Haushalt und Kindererziehung nicht von ihnen alleine übernommen werden (müssen)? Was war oder ist notwendig, um eine Führungsposition in einem Unternehmen pflichtgetreu ausüben und gleichzeitig die nicht minder verantwortungsvollen Aufgaben als Mutter bewältigen zu können? Welche Ressourcen stehen ihnen zur Verfügung, wie sieht die Organisation ihres Alltags aus? Kurz: Wie wird hier das Unmögliche möglich gemacht?

7.3 Befragung von Müttern in Führungspositionen

Um genannten Fragen auf den Grund zu gehen, habe ich zahlreiche österreichische Frauennetzwerke kontaktiert und letzten Endes neun Frauen ausfindig machen können, die dazu bereit waren, ein bis zwei Stunden ihrer Zeit für mich und meine Untersuchung aufzubringen, um mir im Rahmen einer qualitativ-explorativen Untersuchung eine Reihe von (leitfadenorientierten) Fragen zu beantworten. Bei den Befragten handelt es sich um Frauen, die in Abteilungsleitungen oder Geschäftsführungen österreichischer Betriebe tätig sind und mindestens ein Kind unter 15 Jahren während der Tätigkeit in dieser Position haben oder hatten. Manche von ihnen waren bereits in einer Führungsposition gewesen, als sie Kinder bekamen, andere nicht. An diesbezüglich relevanten Stellen wird in der Folge noch auf die unterschiedlichen Auswirkungen der beiden voneinander zu trennenden Ausgangssituationen eingegangen werden.

In den spannenden und informativen Interviews, die sich in der Folge ergaben und die mich in großzügige Büros, Konferenzsäle mit nicht enden wollenden Tischen und schicke Räumlichkeiten hoch über den Dächern von Wien geführt haben, versuchte ich den Fragen auf den Grund zu gehen, wie es diesen Frauen in ihrem Unternehmen mit der Vereinbarung von Familie und Beruf ergeht, wo Schwierigkeiten bestehen, welchen Einfluss die Familiengründung auf ihre Karriere hatte oder immer noch hat und wer oder was sie in den damit einhergehenden Herausforderungen unterstützt hat. Kurzum versuchte ich Hinweise darauf zu finden, welche Faktoren für eine gelungene Integration der beiden widerstrebenden Lebensfelder von Bedeutung sind.

Die Ergebnisse der Befragungen werden in folgende Punkte bzw. Fragestellungen gegliedert: Wo befinden sich die Hauptreibungspunkte zwischen den beiden Bereichen Beruf und Familie, welchen Einfluss hatte die Familiengründung auf die Berufslaufbahn, wie wird dieser Einfluss vom Unternehmen beurteilt und wie von Frauen selbst, was ist privat bzw. seitens des Unternehmens hilfreich für die Vereinbarung? Was würden die befragten Mütter anderen Frauen raten, die das Unterfangen wagen wollen, trotz aller Widrigkeiten nicht nur eine Karriere zu verfolgen, sondern auch noch „wahnwitziger Weise" gleichzeitig Kinder in die Welt zu setzen und einen Familienhaushalt zu führen? Und welche wertvollen Tipps können schließlich Unternehmen von jenen Frauen erhalten, die die betreffende Problematik nicht nur als Angestellte am eigenen Leib erfahren haben, sondern (mittlerweile) selbst in der Position sind, darüber entscheiden zu können, wie mit der Thematik bei den eigenen Angestellten umgegangen wird, und die auf Grundlage ihrer Erfahrungen unter Umständen fundierter zu beurteilen imstande sind, welche Schritte gesetzt werden können, um die bestehenden Hürden für Frauen und insbesondere Mütter herabzusetzen?

Die geführten Interviews verraten uns etwas darüber, wie den befragten Frauen die Kombination zweier Lebensbereiche gelingt, die einander aus vielerlei Gründen prinzipiell auszuschließen scheinen und deren Verbindung unter den in Österreich herrschenden Umständen auch nur selten funktioniert. Sie zeigen, wie in diesen Fällen das Unmögliche möglich gemacht wurde, und machen damit das eingangs postulierte Oxymoron verständlich.

7.4 Welche Schwierigkeiten existieren hinsichtlich der Vereinbarkeit von Familie und Karriere

7.4.1 ... privat?

> Ich denk's mir immer, wenn diese autonomen Tage sind – das ist ja schrecklich, Herbstferien oder irgend sowas, furchtbar! Zwei Kinder, und wenn die verschiedene Herbstferien haben – das ist der Tod! (06, Z. 341).

Für berufstätige Frauen sind die ersten Jahre mit Kind oder gar mehreren Kindern besonders fordernd. Noch mehr gilt dies für Mütter in Führungspositionen, welche naturgemäß mit enormem Zeitaufwand einhergehen und ein hohes Maß an Flexibilität erfordern. Insbesondere Kleinkinder benötigen sehr viel Betreuung, institutionelle Angebote hierfür (für Kinder von 1 bis 3) sind jedoch nur in sehr geringem Ausmaß vorhanden, weshalb sich diese ersten Jahre äußerst kompliziert gestalten. Auf der Strecke bleibt da meist jene Zeit, die sich die betroffenen Frauen gerne für sich selbst genommen hätten. Konkret bedeutet das wenig Freizeit und kein Ausgleich jenseits von Job und Familie. Auch später, aber vor allem in dieser ersten Zeit, ist ein hohes Maß an Selbstaufopferung und Verzicht integraler Bestandteil des Alltags.

Auch in Wien, aber umso mehr in den restlichen Bundesländern, sind allerdings sogar die Betreuungsangebote für Kinder ab drei Jahren nicht ausreichend vorhanden. Die Öffnungszeiten der Betreuungsstätten sind zu kurz, um einer Vollzeitbeschäftigung beider Elternteile Rechnung zu tragen. Insbesondere weil die Gefahr besteht, dass ein Kind kurzfristig erkrankt oder eine der vorhandenen zusätzlichen Betreuungsmöglichkeiten (s. unten) plötzlich ausfällt, müssen stets ein Plan B und C zur Hand sein. Bei mehr als einem Kind potenziert sich dieser Aufwand, da in noch häufigerer Frequenz Unvorhergesehenes geschehen kann und alternative Betreuungsoptionen möglichst schnell aktivierbar sein müssen. Auch Ferienangebote – wiederum vermehrt außerhalb von Wien – stellen besagte Mütter vor große organisatorische Herausforderungen. Gerade bei jüngeren Kindern ist es meist außerordentlich diffizil, gute Betreuung während der Ferien zu finden. Nur mit lückenloser Beaufsichtigung über das ganze Jahr sei es möglich, einer „wirklich verantwortungsvollen Position" gerecht zu werden, betont eine der Befragten. Besonders herausfordernd ist das Zeitmanagement, wenn man sich noch nicht in einer gut bezahlten Führungsposition befindet und sich daher keine Au-pairs, Kinderfrauen etc. leisten kann.

Die genannten Faktoren werden von vielen der befragten Frauen auch als maßgebliche Ursache dafür angeführt, dass Frauen dermaßen selten in höhere Positionen gelangen: Wenn kein Geld für eine Haushaltshilfe oder private Kinderbetreuung vorhanden und die entsprechende Unterstützung seitens des Partners nicht gegeben ist, lässt sich das Management von (Vollzeit-)Beruf, (Vollzeit-)Hausfrau und (Vollzeit-)Mutter im Grunde nicht bewältigen. Diese Form von Mehrfachbelastung und der damit einhergehende extreme Stress werden von allen befragten Müttern als ungeheuer strapaziös hervorgehoben.

7.4.2 …im Unternehmen?

> Da hab ich zum Beispiel gebeten, ob ich an dem einen Tag, (…) da war so ein Vorweihnachtssingen in der Schule, (…) meine Überstunde halt aufbrauchen kann, und da hat mir mein Chef damals ins Gesicht gesagt: „Irgendwelche blöden Tanzereien von deinen Töchtern interessieren mich nicht und an dem Tag geht das nicht, weil da ist das und das und das und das." Das gewöhnt man sich dann ab (05, Z. 104).

Im Beruf wird vor allem der psychische Druck als belastend empfunden, der entsteht, wenn Kinder ein Tabuthema im Unternehmen sind. Zu jeder Zeit wird hundertprozentiger Einsatz erwartet. Gibt es auch nur den geringsten Hinweis auf verminderte Leistung, wird die Familie dafür verantwortlich gemacht. Insbesondere wenn sich Frauen selbst noch nicht in einer Führungsposition befinden und vonseiten des Unternehmens in aller Klarheit vermittelt wird, dass keinerlei Verständnis für mit der Familiensituation zusammenhängende Schwierigkeiten aufgebracht wird, geraten Frauen in eine emotional bedrückende Situation: Kinder dürfen keinesfalls thematisiert und erst recht nicht als Grund für etwaige Verhinderungen genannt werden – zusätzlich entstehen aufgrund von nicht vorhandener Flexibilität seitens der Unternehmen schwer zu lösende Probleme in Bezug auf die Organisation der Kinderbetreuung, speziell in familiären Notlagen.

Einer Frau mit Kindern wird allem Anschein nach generell (aber vor dem Hintergrund der eingangs genannten Zahlen zur immer noch klassischen Rollenverteilung nicht gänzlich grundlos) selten zugetraut, Führungsfunktionen erfolgreich ausüben zu können, und dies wird auch unmissverständlich vermittelt. Daher müssen Mütter, so sie eine höhere Position im Unternehmen anstreben sollten, oft unverhältnismäßig mehr leisten und zusätzlich viel „besser" als ihre Kollegen sein. Ebenso wird von ihnen verlangt, möglichst bald nach der Karenz wieder in den Beruf einzusteigen – einerseits, um zu demonstrieren, dass Interesse an der Entwicklung der Firma besteht, andererseits, weil ein gewisser „Wissensstand" Voraussetzung dafür ist, als Führungskraft selbstbewusst Entscheidungen treffen zu können. Angebotene Projekte müssen stets angenommen und Pflegeurlaube um jeden Preis vermieden werden, um hundertprozentige Flexibilität zu demonstrieren. Sogar Fälle von angedrohter Kündigung wurden in den Interviews geschildert, sollte die geforderte Leistung nicht erbracht werden.

So gut wie alle Interviewpartnerinnen sind sich einig, dass die Vereinbarkeit von Familie und Beruf nach wie vor Privatsache sei und sie diesbezüglich auf ihrem Karriereweg keine bzw. kaum Unterstützung von ihren Vorgesetzten erhalten haben. Ebenso kommt in allen Interviews die Problematik der Teilzeit-Beschäftigung zur Sprache. Mit einer Teilzeit-Anstellung ist das Arbeitspensum einer Führungskraft kaum zu bewältigen und vor dem Hintergrund, dass die Verantwortung für Familie und Haushalt primär von Frauen übernommen wird, stellt sie oft ein fundamentales Problem dar.

7.5 Welchen Einfluss hat die Gründung einer Familie auf die Karriere(chancen) von Frauen

7.5.1 ...im Hinblick auf das Unternehmen?

> Also dieses ganze Gendergerechte ist ja schön und gut aber gelebt wird's nicht! Es ist nun mal so, dass die Diskussionen unterm Tisch dann so laufen: „Naja, nehmen wir die?" – „Weiß nicht, die könnte ja nochmal ein Kind kriegen!" Ist noch immer so. Natürlich, das denken sich viele und das sprechen auch viele aus (06, Z. 258).

Inwiefern sich die Gründung einer Familie auf den Beruf bzw. die Karriere von Frauen auswirkt, wird sehr unterschiedlich beurteilt. So schätzen Unternehmen diese Frage völlig anders ein als Mütter. Vorgesetzte wittern meist verminderte Leistungsfähigkeit und nehmen das Thema „Kinder" gern zum Anlass, Frauen jedwede Aufstiegschance zu verweigern, was, wie eine Interviewpartnerin anmerkt, an der geringen Zahl weiblicher Führungskräfte in der Unternehmenslandschaft abgelesen werden könne. Es erfordert qualitativ hochwertige Leistung und dies über lange Zeit, um Vorgesetzte vom Gegenteil zu überzeugen. Selbst wenn das Vertrauen einmal aufgebaut werden konnte, darf es keinesfalls und zu keinem Zeitpunkt zu einer Minderung der Leistung kommen. Schwächen werden in den allermeisten Fällen nicht toleriert. Wenn die Leistung jedoch stimmt und die Familie auch weiterhin nicht thematisiert wird, ist Mutterschaft nicht weiter hinderlich. Jedoch wird zu Recht vonseiten einer Befragten angemerkt, dass die Erwartung an hohe Leistung ohnehin generell an Führungskräfte gesetzt werde, also von der Position abhängig sei und nicht zwangsläufig von der Person, von der jene eingenommen wird. In einem einzigen der in den Interviews geschilderten Fälle wurde die Elternschaft von Unternehmensseite sogar als positiver Faktor wahrgenommen, da von Müttern angenommen werden könne, eine besonders ausgeprägte Qualifikation für Managementaufgaben aufzuweisen. Die Tatsache, dass meine Interviewpartnerin zum betreffenden Zeitpunkt Mutter war, wurde hier sogar zum Einstellungsgrund.

Eine entscheidende Rolle scheint in diesem Zusammenhang zu spielen, in welcher Position sich eine Frau zum Zeitpunkt ihrer Familiengründung befindet. Hat sie bereits zuvor eine gute Position inne, kann sie sich nach dem Wiedereinstieg deutlich mehr Freiheiten herausnehmen. Prinzipiell scheint zu gelten: Je höher die Position, desto leichter ist es, flexibel zu arbeiten, also beispielsweise spontan die Firma verlassen zu können, wenn ein Kind plötzlich erkrankt. Wenn Frauen früh Kinder bekommen, haben sie zwar einerseits den Nachteil, dass die Kinder ein Ausschlusskriterium für bestimmte Positionen darstellen können, in seltenen Fällen kann Mutterschaft aber offensichtlich auch positiv „vermarktet" werden, allerdings nur, wenn die Betreuung der Kinder nachweislich geregelt ist (gutes Organisationstalent, höhere Effizienz, hohe Loyalität, Umgang mit Stress- und Konfliktsituationen etc.). Ebenjene Sicherstellung der Betreuung stellt aber, wie bereits erwähnt, in den meisten Fällen ein zentrales Problem dar, weil – bei nicht vorhandener familiärer Unterstützung – das hierfür nötige Einkommen schlicht (noch) nicht vorhanden ist.

7.5.2 ... im Hinblick auf die eigene Leistungsfähigkeit?

> Ich mein, ich frag ja auch nicht, ob jemand einen zu pflegenden Angehörigen hat! (…) Ich find das echt voll chauvinistisch! Das geht ja *gar* nicht! Jeder hat irgendwelche Rollen, ich frag ja auch nicht, mit wem wer ins Bett geht oder sonst irgendwas. (07, Z. 382).

Im Gegensatz zu den Gefahren, die Unternehmen in der Familiengründung wittern, beurteilen die befragten Frauen selbst ihre Leistungsfähigkeit in keiner Weise anders, als sie dies vor der Familiengründung getan hätten. Zwar sei ein höheres Maß an Organisation notwendig, auf die zuverlässige Erfüllung der beruflichen Anforderungen habe dies aber keinerlei Einfluss. Am schwierigsten sei es, so der Tenor, dass die Familie im Unternehmen nicht thematisiert werden dürfe und aufgrund dieses mangelnden Rückhalts nicht wenige Einschränkungen im Privatleben erforderlich seien, um Verlässlichkeit in der Arbeit gewährleisten zu können.

Im Gegenteil können die meisten Interviewpartnerinnen vielmehr ausgesprochen positive Auswirkungen auf ihre Leistungsfähigkeit feststellen. So werden Qualitäten, die mit Mutterschaft oftmals notwendigerweise erworben werden beziehungsweise einhergehen, wie z. B. Organisationstalent, Ruhe und Reflektiertheit, Entscheidungsfreude und effizientes Arbeiten, als ausgesprochen wertvolle Skills für das Berufsleben gesehen. Privat wird die Familie wiederum als positiver Ausgleich zum Beruf wahrgenommen.

7.6   Was ist unterstützend, was hilfreich

7.6.1 ... privat?

> Man muss sehr gut organisieren können. (…) Ich hab meine Kinder auch auf dem Excel-Sheet organisiert (03, Z. 103).

Auf die Frage, welche Faktoren im privaten Bereich als besonders hilfreich wahrgenommen werden, Familie und Beruf unter einen Hut zu bekommen, lautet die mit einem Schmunzeln spontan gegebene Antwort der meisten befragten Frauen: „eine Haushaltshilfe!" Nach weiterer Reflexion zeichnet sich allerdings klar ab, dass in erster Linie die perfekte Organisation der Kinderbetreuung der Schlüssel für eine erfolgreich verlaufende berufliche Karriere ist. Besonders wichtig ist den Befragten in diesem Zusammenhang jedoch, dass ihre Kinder nicht „einfach nur versorgt" sind, sondern die Gewissheit haben zu können, dass es jenen dabei auch gut geht und sie sich in der Betreuungssituation wirklich wohlfühlen. Öffentliche Institutionen mit langen Öffnungszeiten und abwechslungsreichen Ferienangeboten sind diesbezüglich essenziell. Da dergleichen jedoch nicht in ausreichendem Maße vorhanden sind, greifen die meisten auf ein privates Netzwerk von FreundInnen und/oder Familie zurück oder setzen auf bezahlte Betreuung zu Hause (Au-pairs, Kinderfrauen etc.). Inwieweit sich der Partner in Haushaltsführung und Kinderbetreuung einbringen kann, spielt dabei eine bedeutende Rolle, da Frauen nur dann Karriere machen können, wenn ihre Partner selbst keine derartigen Bestrebungen haben. Nur dann können Männer ihre Frauen in deren Vorhaben unterstützen und bei Haushalt und Kinderbetreuung flexibel sein.

Die persönliche Work-Life-Balance ist ebenfalls ein viel genannter Dreh- und Angelpunkt für Mütter in Führungspositionen. Ohne sich Zeit für sich selbst zu nehmen (zum Beispiel durch regelmäßiges Yoga, Turnen, Netzwerktreffen etc.), würden viele die erforderliche Kraft zur gleichzeitigen Bewältigung beider Aufgabenbereiche nicht aufbringen können, wenngleich gerade Kinder oftmals die größte Motivation für den Beruf darstellen. Einerseits wird der Job nicht überbewertet (Prioritätensetzung), andererseits stellt die Familie einen Ort des Ausgleichs dar, der den beruflichen Stress vergessen lässt.

Punktgenaue und strukturierte Planung des gesamten Berufs- und Familienalltags ist ein weiteres Um und Auf für eine erfolgreiche Vereinbarung. Jedes Detail bis hin zur Freizeitgestaltung der Kinder wird aufs Genaueste geplant. Für eine derartig perfekte Vorbereitung bedarf es nicht nur eines hohen Maßes an Disziplin, sondern auch einer positiven Einstellung, die beizubehalten notwendig ist, um die Freude an Arbeit und Familie nicht zu verlieren.

Essenzieller Bestandteil einer gelungenen Verbindung von Familie und Karriere ist außerdem eine gewisse Gelassenheit, mit der die verschiedenen Aufgaben im Alltag gemeistert werden. Ohne eine grundsätzliche Bereitschaft zu Flexibilität, die z. B. spontane und schnelle Reaktionen in unerwarteten Situationen ermöglicht, wären die Anforderungen kaum zu bewältigen, insbesondere weil in vielen Fällen Unterstützung seitens des Unternehmens nicht gegeben ist.

7.6.2 …im Unternehmen (offiziell, inoffiziell)?

Also die wichtigsten Komponenten glaub ich sind, (…) dass man flexibel arbeiten kann, dass man akzeptiert, (…) dass ich meine Arbeit auch erledige, wenn ich nicht im Büro bin, (…) dass ich dazwischen auch mal zwei Stunden weggehen kann ohne viel Tamtam (03, Z. 306).

Nur wenige meiner Interviewpartnerinnen können auf umfassende Unterstützung seitens der ArbeitgeberInnen setzen. Erst als Führungskraft ist es möglich, sich gewisse Freiheiten herauszunehmen. Viele nennen dementsprechend das Erreichen einer höheren Position als entscheidende Hürde für eine erfolgreiche Bewältigung der Herausforderungen. Befindet man sich einmal in einer solchen, ist es jedoch immer noch entscheidend, stets Flexibilität zu demonstrieren, um im Gegenzug die entsprechende Anpassungsfähigkeit vom Unternehmen einfordern zu können.

Einer der wichtigsten Faktoren, der bereits in vielen Unternehmen vorzufinden ist, ist die Möglichkeit zur flexiblen Arbeitszeitgestaltung. Ausgedehnte Gleitzeiten, keine Kernzeiten, die Option für Home Office etc. sind sehr hilfreiche Möglichkeiten, Vereinbarkeit zu erleichtern.

Wenngleich das Thema „Familie" für viele Arbeitgeber(innen)[1] ein rotes Tuch zu sein scheint, ist es von nicht zu vernachlässigender Bedeutung, als Frau selbstbewusst aufzutreten, die aufgrund der Mutterschaft besonders ausgeprägten Stärken artikuliert hervorzukehren und exakte Richtlinien in Bezug auf Karenz und Wiedereinstieg zu vereinbaren.

7.7 Tipps für Frauen mit Kindern, die Karriere machen wollen

> Ich hab dem Arbeitgeber erklärt: „Ich habe zwei Kinder. Das, was ich Ihnen jetzt mitbringe, (…) sind Nerven wie Stahlseile, hohe Flexibilität, hohes Verantwortungsbewusstsein, Kreativität und Konsequenz. Und das stelle ich Ihnen jetzt zur Verfügung. Ich habe vier Jahre Management-Training hinter mir." Die hot mi dann gnummen (lacht) (04, Z. 216).

Welche Erkenntnisse lassen sich nun aus den in den Interviews genannten Aspekten gewinnen? Was würden die Befragten rückblickend anders machen und welche Ratschläge würden sie anderen Frauen erteilen, um die Vereinbarkeit von Familie und Beruf zu erleichtern?

Alle Interviewpartnerinnen halten es für unabdingbar, sich als Frau bei Vorstellungsgesprächen selbstbewusst zu präsentieren und zu ihrer Mutterschaft zu stehen. Kinder zu haben, ist etwas Positives, das auch ArbeitgeberInnen wertschätzen

---

[1] Nach Einschätzung der Interviewpartnerinnen sind es vor allem männliche Vorgesetzte und – seltener – Frauen ohne Kinder, die ein Problem mit der Thematik haben.

können. Natürlich muss dargelegt werden können, wie die Kinderbetreuung organisiert ist und wie die Back-up-Pläne für Notfälle aussehen. Weiters ist es von zentraler Bedeutung, aktiv in Netzwerken zu operieren. Auch informelle Gespräche können oft ausschlaggebend dafür sein kann, wer in welche Funktion gehievt wird.

Wenngleich es wichtig ist, hohe Leistungsfähigkeit an den Tag zu legen, sollten Frauen doch trotz allem nicht mehr leisten müssen als ihre Kollegen. Es darf ruhigen Gewissens auf die eigene Qualität vertraut werden und es sollen keinesfalls Überstunden angehäuft werden – etwa aus Angst, den Eindruck zu erwecken, zu wenig zu leisten.

Die Karenzzeit sollte nicht zu lange dauern (das bestätigen auch Zahlen, laut welchen weit mehr Frauen, die nur ein Jahr in Karenz waren, in Führungspositionen sind, als jene mit drei Jahren Unterbrechung) und auch während der Karenz sollten sich Frauen auf dem Laufenden halten, z. B. indem sie weiterhin gelegentlich an Firmen-Meetings teilnehmen. Kinder sollten kein Tabuthema sein, jedoch sollten sie auch nicht allzu oft als „Ausrede" herangezogen werden, da dies als für eine Karriere potenziell hinderlich ausgelegt werden könnte (Häufige Abwesenheit stellt letztlich tatsächlich ein Hindernis für die Ausübung einer verantwortungsvollen Position dar). Schafft man es aber, flexibel zu sein und die geforderte Leistung zu erbringen, kann man dafür in gleicher Weise Entgegenkommen einfordern, wie zum Beispiel hie und da ein Meeting an einem anderen Termin anzusetzen, wenn etwa eine Schulveranstaltung nicht verpasst werden soll.

Von Bedeutung ist es überdies, bei der Wahl des Wohnortes auf die geografische Nähe zu den notwendigen Infrastrukturen zu achten (Distanz zu Spielplätzen, Schule, Arbeitsplatz etc.), um die Organisation der Betreuung zu erleichtern. Auch der Rückhalt durch Partner, Freunde/Freundinnen und Familie ist essenziell, um der Mehrfachbelastung gewachsen sein zu können.

Eine entspannte Grundhaltung kann helfen, mit beanspruchenden Situationen zurechtzukommen und sich nicht von Beginn an zu viel zuzumuten. Eine solche Haltung kann dazu beitragen, Lösungen für auftretende Herausforderungen leichter finden zu können. Angesichts der vielen Steine, die einem mit an Sicherheit grenzender Wahrscheinlichkeit in den Weg gelegt werden (zum Beispiel das Fehlen von öffentlichen Kinderbetreuungsplätzen, keine Unterstützung durch Partner oder Unternehmen etc.), können Leidensfähigkeit auf der einen und eine gute Portion Humor auf der anderen Seite maßgeblich zum Gelingen des Unterfangens „Karriere mit Kind" beitragen.

7.8 Tipps für Unternehmen, die Frauen/Mütter fördern wollen

> Unbedingt Führungskräfte etablieren, die zu dem Thema einen super positiven und leichten Zugang haben und sehr lösungsorientiert sind, in die Richtung: Wie kann ich Menschen in Familiengründungen – wurscht, ob Mann oder Frau – unterstützen, dass beides vereinbar ist. Die werden auch erfolgreicher sein. Weil umso diverser ein Unternehmen ist, umso erfolgreicher ist es (07, Z. 756).

Wie wir sehen konnten, sind flexible Arbeitszeiten eine Grundvoraussetzung für die Vereinbarkeit von Familie und Beruf, und in vielen Unternehmen sind solche Regelungen auch bereits Standard. Schwieriger gestaltet sich die Handhabung in informellen Feldern wie der Thematisierung von Möglichkeiten und Grenzen der Vereinbarkeit im direkten Gespräch. Diesbezüglich wurde den befragten Müttern kaum Unterstützung zuteil. Die Interviewpartnerinnen waren sich durchwegs einig, dass Unternehmen auf „natürlichere" Art mit dem Thema „Familie" umgehen sollten. Es fehlt offenkundig an einer gewissen „Leichtigkeit", an das Thema heranzugehen, weshalb häufig betont wurde, dass die Familie im Unternehmen lieber nicht thematisiert werden sollte. Ebendiesen unkomplizierten Umgang empfinden die Interviewten allesamt als essenzielle Qualität der eigenen Führungsleistung. Es müsste eine Selbstverständlichkeit sein, dass Frauen ebenso wie Männer Familien gründen, und auf die Frage, wie veränderte Lebenssituationen mit der Tätigkeit im Unternehmen in Einklang gebracht werden können, sollten in möglichst offener Kommunikation pragmatische Antworten gefunden werden. Denn das Thema „Vereinbarkeit" hat nicht nur in aller Klarheit in den Leitlinien eines Unternehmens verankert zu sein – um die Prinzipien in der Arbeitsrealität ankommen zu lassen, muss es ebendiese offene Gesprächskultur geben, in deren Rahmen konstruktiv Schwierigkeiten besprochen und Lösungen gefunden werden. Denkbar wären zum Beispiel ein stufenweiser Stundenaufbau nach der Karenz oder eine andere Aufteilung der Führungsaufgaben, um sie auch mit geringerer Wochenstundenzahl bewältigen zu können. Derartige Arrangements finden sich jedoch nur in ganz seltenen Fällen. Aber auch persönliche Gespräche sind von großer Bedeutung, um individuell auf die Anliegen der Frauen eingehen zu können – sei dies mit internem Personal oder auch in Form eines externen Coachings, das darin unterstützen kann, konkrete Wege zu finden, Karrieren trotz Hindernissen weiterzuverfolgen, oder auch (angehenden) Müttern einen Ort bietet, offen über Sorgen und Ängste sprechen zu können, ohne einen nachteiligen Effekt jedweder Art befürchten zu müssen.

Im Zuge dessen müssen auch die männlichen Angestellten aktiv dazu ermutigt werden, in Karenz zu gehen. Auf diese Weise wird die Thematik nicht weiter totgeschwiegen, sondern vielmehr allgemein positiv besetzt, was maßgeblich zur tatsächlichen Gleichstellung von Frauen und Männern im Unternehmen beitragen kann. Von unschätzbarem Wert ist es zu guter Letzt, wenn ein Unternehmen glaubwürdig zu vermitteln imstande ist, dass es hinter seinen Angestellten steht und dass es auch dann keine negativen Konsequenzen nach sich zieht, wenn die Vereinbarkeit einmal zu Komplikationen führen sollte. Ein gewisses Maß an Flexibilität würde „das Unternehmen nichts kosten" und kann sowohl den enormen psychischen Druck, der auf den Schultern vieler berufstätiger Mütter lastet, mindern als auch für das Haus selbst von Vorteil sein. Möglichkeiten der Vereinbarkeit zu entwickeln, führt nicht nur dazu, hoch qualifizierte Mitarbeiterinnen zu halten, sondern auch deren Loyalität zum Unternehmen zu festigen.

7.9 Ausblick

Zusammenfassend müssen wir feststellen, dass den befragten Frauen, obgleich sie auch allesamt ihre individuellen Wege gefunden haben mögen, Familie und Karriere miteinander zu verbinden, nicht sonderlich viel Unterstützung zuteil geworden ist. Für gewöhnlich bedarf es eines ausgesprochen hohen Maßes an Organisation, Flexibilität und Kraftaufwand seitens der Frauen und ihres privaten Umfelds, um die Vereinbarung zu ermöglichen. Unternehmen bieten in der Regel wenig bis gar keine Unterstützung für die Abstimmung der beiden Aufgabenbereiche. Das ist insofern verwunderlich, als das vom Bundesministerium für Wirtschaft, Familie und Jugend und von der Familie & Beruf Management GmbH o. J. durchgeführte Audit *berufundfamilie* (Äquivalent für Hochschulen: *hochschuleundfamilie*) de facto bereits eine Reihe von Ideen und Maßnahmen vorstellt, die Unternehmen realisieren können, um die Vereinbarkeit von Familie und Beruf zu fördern. Unter den angeführten „Best Practice"-Maßnahmen (zu finden auf der Homepage) werden viele Möglichkeiten angeführt, die jedoch nur zum Teil in den Interviews genannt wurden. Wie bereits erwähnt, werden vor allem arbeitszeitbezogene Maßnahmen bereits als weitgehend selbstverständlich erachtet, so z. B. das Arbeiten von zu Hause aus (Home Office) oder die Möglichkeit, sich die Arbeitszeit individuell einzuteilen (Gleitzeit). Diese Optionen werden tatsächlich für sehr wichtig befunden und meist als Voraussetzung für die Förderung von Frauen gesehen.

Schwieriger wird es jedoch bei jenen Konzepten, die tendenziell „informeller Natur" sind. Vorgesetzten „beizubringen", wie sie sensibel und verständnisvoll auf die Situation von Jung-Eltern eingehen können, ist nicht ebenso einfach zu bewerkstelligen, wie etwa die oben erwähnten Maßnahmen in Leitlinien festzuhalten. Ansätze dafür könnten in den „Best-Practice"-Handlungsfeldern „Personalentwicklung" und „Elternschaft, Karenz und Berufsrückkehrer" zu finden sein. So bietet die Österreichische Nationalbibliothek beispielsweise ihren MitarbeiterInnen und deren Angehörigen die Möglichkeit, anonyme telefonische Beratung bei persönlichen Krisen in Anspruch zu nehmen. Die Bioenergy 2020+ GmbH führt mit schwangeren Mitarbeiterinnen auf Wunsch ein Rückkehrgespräch mit dem bzw. der jeweiligen Vorgesetzten, in welchem unter anderem der arbeitsrechtliche Familienvorgang, die Vereinbarkeit von Familie und Beruf, der gewünschte Kontakt während der Auszeit oder der erhoffte Zeitplan und Umfang des Wiedereinstiegs thematisiert werden. Zusätzlich können Maßnahmen wie z. B. ein Anti-Bias-Workshop dazu beitragen, dass Personalverantwortliche auf Diversität sensibilisiert und dafür geschult werden, MitarbeiterInnen tatsächlich primär aufgrund ihrer Qualifikationen und nicht etwa wegen ihres Geschlechts oder anderer persönlicher Dispositionen einzustellen bzw. zu befördern.

Frauenförderung und – bedingt durch die Tatsache, dass nach wie vor in erster Linie Frauen für Haushalt und Familie zuständig sind – *Mütter*förderung in einem Unternehmen sind nicht nur eine Frage der Geschlechtergerechtigkeit. Die Förderung von Frauen wie von Müttern bietet darüber hinaus zahlreiche Vorteile, so zum Beispiel eine bessere betriebswirtschaftliche Performance, da gemischte Teams nachweisbar effizienter arbeiten (vgl. Woolley et al. 2010, S. 686 ff.), oder auch eine vor dem Hintergrund des vorherrschenden Fachkräfte- und Führungskräftemangels zukunftsorientierte Arbeitsmarktpolitik (vgl. Pilsel et al. 2002). Nicht zuletzt können Unternehmen von bei Müttern in der Regel besonders ausgeprägten Qualitäten profitieren. Exzellentes Organisationstalent, Strukturiertheit, Verlässlichkeit, Flexibilität, Stressresistenz, Loyalität und soziale Kompetenz stellen hierbei nur einen Teil jener Geschicke dar, die auf Grundlage der vorliegenden Untersuchung angeführt werden können.

Literatur

AK Oberösterreich. (2013). Führungskräfte Monitor 2013. http://www.sora.at/fileadmin/downloads/projekte/2013_PK-Unterlage_Fuehrungskraefte-Monitor_Juli2013.pdf. Zugegriffen: Juli 2015.

BM für Frauen und Öffentlichen Dienst. (2009). Rechtliche und politische Grundlagen der Gleichstellung von Frauen und Männern in Österreich. http://www.imag-gendermainstreaming.at/cms/imag/attachments/7/0/3/CH0518/CMS1060357872986/rechtliche_und_politische_grundlagen_der_gleichstellen_von_frauen_und_maennern_in_oesterreich.pdf. Zugegriffen: Juni 2015.

Bundesministerin für Frauen und Öffentlichen Dienst im Bundeskanzleramt Österreich. (Hrsg.). (2010). Frauenbericht 2010. Bericht betreffend die Situation von Frauen in Österreich im Zeitraum von 1998 bis 2008. https://www.bmbf.gv.at/frauen/publikationen/fb_2010_t1_03_26070.pdf?4dz8a1. Zugegriffen: Juni 2015.

Familie & Beruf Management GmbH. (o. J.). Best Practice Beispiele. Maßnahmen aus allen Handlungsfeldern. http://www.familieundberuf.at/fileadmin/user_upload/Formular_und_Downloads/Audit_berufundfamilie/04_Best_Practice_Massnahmen.pdf. Zugegriffen: Juni 2015.

Fuchshuber, E. (2006). Auf Erfolgskurs – Die Repräsentanz von Frauen in Führungspositionen in österreichischen Unternehmen sowie in der Selbstverwaltung. https://www.bmbf.gv.at/frauen/publikationen/frauen_fuehrungspositionen_27056.pdf?4dz8a1. Zugegriffen: Juni 2015.

König, I. (2011). Frauen in Führungspositionen – Daten, Fakten, Modelle. https://www.bmbf.gv.at/frauen/ewam/frauen_spitzenpositionen/frauenfhrungspositionen_2011_26013.pdf?4dz8a1. Zugegriffen: Juni 2015.

Pilsel, B., Oberholzner, T., & Weber, F. (2002). Fachkräftebedarf. Lösungsmodelle und Strategien zur Fachkräftebedarfsdeckung in ausgewählten EU-Ländern und Australien. http://www.forschungsnetzwerk.at/downloadpub/AMSreport33.pdf. Zugegriffen: Juli 2015.

Statistik Austria. (2014a). Vereinbarkeit von Beruf und Familie. http://www.statistik.at/web_de/statistiken/soziales/gender-statistik/vereinbarkeit_von_beruf_und_familie/index.html. Zugegriffen: Juni 2015.

Statistik Austria. (2014b). Teilzeiterwerbstätige nach Grund für Teilzeitarbeit – Jahresdurchschnitt 2014. http://www.statistik.at/web_de/statistiken/menschen_und_gesellschaft/soziales/gender-statistik/erwerbstaetigkeit/062499.html. Zugegriffen: Juni 2015.

Woolley, A. W., Chabris, C. F., Pentland, A., Hashmi, N., & Malone, T. W. (2010). Evidence for a collective intelligence factor in the performance of human groups. *Science, 330* (6004), 686–694.

Über die Autorin

Hannah Jaeger, BA Studium der Bildungswissenschaften sowie Diplom der akademischen Psychosozialen Beraterin. Tätigkeit in der Erwachsenenbildung zu den Themen Konfliktmanagement, Interessensvertretung und Gruppendynamik. 2015 Tätigkeit im Bereich der Jugend- und Familienberatung, seit 2015 Familienbetreuerin in einer Caritas AsylwerberInnen-Unterkunft in Wien.

Auf der Suche nach dem „idealen Beruf" für WirtschaftspädagogInnen mit Kind/ern

Vereinbarkeit in den Handlungsfeldern der Wirtschaftspädagogik

Nadine Harrer

Das Wirtschaftspädagogikstudium ist mehrfach qualifizierend angelegt. AbsolventInnen können den Beruf einer Lehrkraft an berufsbildenden mittleren und höheren Schulen, einer/eines Betriebspädagogin/-pädagogen oder den einer/eines Expertin/Experten in der Erwachsenenbildung ergreifen, aber auch in den Bereichen der öffentlichen und privaten Wirtschaft und der Forschung tätig werden. Der vorliegende Beitrag fragt nach familienfreundlichen Handlungsfeldern und Rahmenbedingungen bzw. Unterstützungsmaßnahmen für WirtschaftspädagogInnen mit Kind/ern. Er beruht auf einer von der Autorin 2014 durchgeführten Untersuchung (siehe Harrer 2014) und stützt sich auf drei Expertinneninterviews sowie Aussagen aus der Literatur.[1]

Anlass und Ausgangspunkt für die Fragestellung der Untersuchung war die von Stock et al. (2008) veröffentlichte Studie über „Karriereverläufe der Absolventinnen

---

[1] Die Interviews wurden von der Autorin im März bzw. April 2014 im Rahmen einer Diplomarbeit zum Thema „Vereinbarkeit von Familie und Beruf für AbsolventInnen der Wirtschaftspädagogik" durchgeführt. Der vorliegende Beitrag enthält wortwörtliche aber auch gekürzte und bearbeitete Passagen aus dieser Diplomarbeit.

N. Harrer (✉)
Leoben, Österreich
E-Mail: nadine.sporer@gmx.at

und Absolventen der Wirtschaftspädagogik am Standort Graz"[2], aus der hervorging, dass über die Hälfte der befragten AbsolventInnen der Wirtschaftspädagogik sich dafür entschieden hatten, eine Familie zu gründen, und zum Zeitpunkt der Befragung für mindestens ein Kind verantwortlich waren. Die Studie verdeutlichte auch, dass Lehrende im Vergleich zu Nicht-Lehrenden öfter und mehr eigene Kinder zu betreuen haben als Nicht-Lehrende und dass Karenzen häufiger von Lehrenden in Anspruch genommen wurden als von WirtschaftspädagogInnen in den anderen Handlungsfeldern (vgl. Stock et al. 2008, S. 55, 89–90).

In diesem Beitrag werden gestützt auf die Aussagen der drei interviewten Absolventinnen und einschlägiger Literatur die fünf Handlungsfelder der Wirtschaftspädagogik (Schule, Wirtschaft und Verwaltung, Betriebspädagogik[3], Erwachsenenbildung und Forschung) ob ihrer Herausforderungen und Potenziale für die Vereinbarkeit von Familie und Beruf und der bereits umgesetzten bzw. notwendigen familienfreundlichen Maßnahmen untersucht. Die bedeutungsvollsten Maßnahmen: Kinderbetreuung, flexibler Arbeitsort, flexible Arbeitszeit, Förderung durch den/die Vorgesetzte/n hinsichtlich Leistungserbringung während der Babypause und Wiedereinstieg werden abschließend kritisch beleuchtet.

8.1 Der Lehrberuf als vermeintlich beste Lösung

Der Lehrberuf wird in der Literatur häufig aufgrund der langen Sommerferien und der zusätzlichen freien Tage (Osterferien, Weihnachtsferien, Fenstertage), welche den Ferienzeiten der eigenen Kinder entsprechen, sowie der Möglichkeit, die eigenen Kinder nachmittags selbst zu betreuen, als perfektes Arbeitsfeld für Menschen mit Betreuungsverpflichtungen gesehen (vgl. Treptow 2006, S. 241; Ammann 2004, S. 206). Eine befragte Wirtschaftspädagogin meinte dazu im Interview:

> Die Schule stellt die vermeintlich perfekte Situation für Lehrkräfte mit Betreuungsverpflichtungen dar. Anwesenheitspflicht gilt nur in den Unterrichtsstunden und die Vorbereitungszeit obliegt jedem Lehrer/jeder Lehrerin selbst (I2: Z 115–119).

---

[2]Die Studie basiert auf einer Untersuchung mittels Fragebogen, welche im September 2006 durchgeführt wurde. Aus dieser empirischen Studie konnten Daten von insgesamt 371 AbsolventInnen gewonnen werden, welche zwischen dem 1. Jänner 1987 und dem 31. August 2004 ihr Studium in Graz erfolgreich beendet hatten (vgl. Stock et al. 2008, S. 49–51).

[3]Das Handlungsfeld der Betriebspädagogik wurde vorliegend in das Handlungsfeld der Wirtschaft implementiert.

Lehrkräfte können sich die zeitliche und örtliche Organisation der Vorbereitungen, Nachbereitungen und Korrekturarbeiten selbst einteilen. Diese Tatsache macht sie zwar relativ flexibel, allerdings verlagern Lehrkräfte die Erledigung dieser Berufsarbeiten und die Hausarbeit oftmals in die Abend- und Nachtstunden, um tagsüber für die Familie Zeit zu haben. Vollzeitbeschäftigungen werden dabei häufig als große Belastung empfunden. Wegen der Doppelbelastung fehlt es an Zeit für Unterrichtsvorbereitungen, Zeit für den Partner/die Partnerin, Zeit für die eigenen Kinder und Zeit für sich selbst (vgl. Ammann 2004, S. 205). Dementsprechend werden Teilzeitbeschäftigungen als Entlastung empfunden, sie lassen sich häufig sehr flexibel gestalten und erleichtern somit die Vereinbarkeit von Familie und Beruf (vgl. Treptow 2006, S. 241). Vor allem der berufliche Wiedereinstieg nach einer Babypause stellt für viele Lehrkräfte eine große Herausforderung dar und kann sogar als beruflicher Neustart betrachtet werden (neue Klassen, neue Schulstufen, neues Kollegium). Um den beruflichen und sozialen Anschluss nicht zu verlieren, nehmen viele Lehrkräfte während der Babypause schulische Fortbildungen in Anspruch, betätigen sich in der Erwachsenenbildung oder leisten Vereinsarbeit (vgl. Ammann 2004, S. 207).

Aufgrund der vielen vermeintlichen Vorteile des Lehrberufes wird die Erfordernis gezielter familienfreundlicher Maßnahmen seitens der Schulen häufig nicht gesehen, wie eine befragte Wirtschaftspädagogin kritisch anmerkt:

> Ich glaube, dass in der Schule die Notwendigkeit für familienfreundliche Maßnahmen nicht gesehen wird (I2, Z 114–115).

8.2 Forschen mit Familie begrenzt möglich

In der Wissenschaft hat in den letzten Jahren eine deutliche Bewusstseinsschärfung für die Vereinbarkeitsproblematik stattgefunden, viele Maßnahmen (z. B. Unikindergärten und -krippen, Workshops), Forschungsprojekte, Audits *(hochschuleundfamilie)* und Evaluationen beschäftigen sich mit der Thematik (vgl. Lind 2012, S. 280). Jedoch schrecken vor allem befristete Arbeitsverhältnisse und daraus resultierende ungesicherte berufliche Perspektiven, der große Zeitaufwand für Promotion, Habilitation, das Veröffentlichen von Publikationen, für die Abhaltung von Projekten und Vorträgen sowie hohe Anforderungen an die berufliche Mobilität (Kongresse, Seminare, Projekte im Ausland) viele junge WissenschafterInnen von der Familiengründung ab bzw. bleibt ihnen kaum Zeit dafür. Hinzu kommt, dass die üblichen Arbeitszeiten häufig überschritten werden und die

Gedanken an die laufenden Arbeiten nicht mit Verlassen des Büros enden (vgl. Lind 2012, S. 283). Eine Expertin dazu im Interview:

> An der Universität ist die Situation etwas anders, die WissenschaftlerInnen sind aufgefordert zu habilitieren, Paper zu publizieren, Vorträge zu halten und Projekte durchzuführen. Infolgedessen werden übliche Arbeitszeiten häufig überschritten und die Gedanken an die laufende Arbeit enden auch nicht mit Verlassen des Schreibtisches. Darum ist Vereinbarkeit und die Förderung dieser in der Universität auch mehr Thema als in der Schule (I2: Z 122−125).

Dabei bietet eine Tätigkeit in der Wissenschaft oftmals durch eine große räumliche und zeitliche Flexibilität die Möglichkeit, eine gute Vereinbarkeitssituation zu schaffen (vgl. Harde und Schwarzkopf 2012, S. 304; Lind 2012, S. 293). Häufig scheitert die Vereinbarkeit jedoch an der Akzeptanz des/der Vorgesetzten, was sich in einer geringeren Förderung durch den Vorgesetzten/die Vorgesetzte oder einer geringeren Wertschätzung der erbrachten wissenschaftlichen Leistungen äußert (vgl. Lind 2012, S. 293−298). Mit der nötigen Unterstützung durch Vorgesetzte ist es allerdings gut möglich, wissenschaftliche Höchstleistungen, wenn auch in geringerem Umfang trotz Betreuungsverpflichtungen zu erbringen (vgl. Juntunen und Juntunen 2011, S. 777). Eine befragte Expertin aus dem Bereich der Forschung berichtete:

> Mein Kind hat mich bereits als Säugling zu Kongressen begleitet, das war vor allem deshalb kein Problem, weil meine Chefin während meinem Vortrag mein Kind betreut hat. Ich bin der Meinung, dass sich Forschung und Lehre perfekt mit einem Kind vereinbaren lassen. Wichtig dabei ist, sich die Ziele entsprechend zu setzten. Man muss schon ein wenig zurückschalten, aber man muss auch nicht ganz aufhören, ich bin der Meinung, dass man sehr gut von zu Hause aus ein Paper schreiben kann (I2: Z 63−69).

Karenzzeiten und Arbeitszeitreduzierungen werden trotzdem nur sehr kurz in Anspruch genommen (vgl. Lind 2012, S. 292). Um den beruflichen Anschluss nicht zu verlieren, werden von einigen JungwissenschafterInnen während der Karenz Kongresse und Seminare besucht oder unentgeltlich Artikel publiziert, so berichtete eine Absolventin:

> Ich finde es sehr wichtig dabei zu bleiben, sich kleinere Ziele zu setzen aber dafür nie ganz aufzuhören. Dann ist der Stress des Wiedereinstieges auch nicht so groß. Was ich allerdings in Kauf nehmen musste, war die Tatsache, dass ich für Publikationen, die ich während der Karenz verfasst habe, nicht bezahlt wurde (I2: Z 79−83).

8.3 Im Betrieb mit Betreuungspflichten: Es gibt noch vieles zu tun

In vielen Unternehmen, Institutionen und Organisationen werden bereits Maßnahmen zur besseren Vereinbarkeit von Familie und Beruf umgesetzt. Vor allem der Wunsch nach flexibleren Arbeitsbedingungen, d. h. flexible Einteilung der Arbeitszeit und des Arbeitsortes wird häufig bereits erfüllt (vgl. Walther und Lukoschat 2008, S. 4). Trotzdem stellen die große zeitliche Belastung – vor allem in Leitungsfunktionen – und zusätzliche Termine, die außerhalb der üblichen Arbeitszeit anfallen, eine große Herausforderung für Personen mit Betreuungsverpflichtungen dar (vgl. Bertram et al. 2012, S. 224). Eine der befragten ExpertInnen beschrieb die Herausforderungen für berufstätige AbsolventInnen folgendermaßen:

> Grundsätzlich ist es eine Herausforderung sowohl den beruflichen als auch den familiären Alltag zu organisieren. Das Zeitmanagement ist sehr wichtig, da es im Beruf häufig nicht bei den eigentlichen Arbeitszeiten bleibt. Manchmal kommen zusätzliche Termine außerhalb der üblichen Arbeitszeit dazu (I3: Z 4–6).

Darum wird die Forderung nach einer Änderung der Unternehmenskultur immer lauter. Individuelle Flexibilität soll unterstützt werden und in Zukunft sollen Arbeitsergebnisse mehr zählen als die Dauer der Anwesenheit. Neben der Belastung durch das hohe Arbeitspensum und die häufig geltende Anwesenheitspflicht stellen die unzureichende Infrastruktur zur Betreuung und Bildung von Kindern, das Aufbrechen traditioneller Rollenmuster und der ewige Zeitmangel die größten Probleme dar. Häufig werden große Summen Geld dazu genutzt, um Babysitter, Haushaltshilfen, Einkaufsservices etc. zu bezahlen und somit größere Flexibilität zu erreichen. Trotzdem ist oftmals ein gut funktionierendes soziales Netzwerk in Form von Freunden und Familie, vor allem in Notsituationen, nötig, um Familie und Beruf vereinbaren zu können (vgl. Walther und Lukoschat 2008, S. 4–6). Diese Aussage aus der Literatur wurde auch von einer befragten Wirtschaftspädagogin bekräftigt:

> Meine Eltern sind uns auch eine große Hilfe, da sie uns für Notfälle zur Verfügung stehen und manchmal nutze ich die Dienste einer Babysitterin. Dieses soziale Netzwerk finde ich sehr wichtig, um Familie und Beruf vereinbaren zu können (I3: Z 16–18).

Auch in diesem Handlungsfeld der Wirtschaftspädagogik werden Babypausen nur sehr kurz in Anspruch genommen, oder es wird während der Karenz von zu

Hause aus gearbeitet. Auch eine befragte Absolventin gab an, nur kurz in Karenz gewesen zu sein:

> Bei meinem ersten Kind habe ich bereits nach kurzer Zeit angefangen für einige Stunden von zu Hause aus zu arbeiten (I3: Z 42−43).

Für Väter stellt sich die Situation besonders schwierig dar, da ihr Wunsch nach Väterkarenz häufig auf Widerstand und Unverständnis stößt (vgl. Walther und Lukoschat 2008, S. 4).

Damit der berufliche Wiedereinstieg für Eltern problemlos gelingt, ist bereits vorab eine gute Absprache zwischen ArbeitgeberIn und ArbeitnehmerIn nötig. Dies gelang einer der befragten Expertinnen sehr gut, denn sie hatte nie Sorgen bezüglich ihres Arbeitsplatzes, da

> von Anfang an die Bedingungen meiner Rückkehr abgesprochen waren. Und ich immer das Gefühl hatte, von meiner Vorgesetzten/meinem Vorgesetzten gut unterstützt zu werden (I3 Z 71−73).

8.4 Als ErwachsenenbildnerInnen autonom Lösungen finden

In der Erwachsenenbildung arbeiten hauptsächlich nebenberuflich tätige WirtschaftspädagogInnen auf Basis von Werkverträgen (vgl. Liszt et al. 2013, S. 153, E-Mail Nußbaumer vom 02.04.2014). Die Thematik der Vereinbarkeit ist bei den Anbietern von Erwachsenenbildung noch nicht angekommen, d. h. es konnten keine konkreten familienfreundlichen Maßnahmen in diesem Handlungsfeld gefunden werden (vgl. E-Mail Nußbaumer vom 02.04.2014). Diese Aussage wurde auch von einer befragten Wirtschaftspädagogin bekräftigt (vgl. I1 Z 52).

Die frühzeitige Bekanntgabe der Kurstermine erleichtert die Planung und Abstimmung der familiären Verpflichtungen mit der lehrenden Tätigkeit und kann daher als Vorteil dieses Handlungsfeldes gesehen werden. Anwesenheitspflicht gilt nur in den zu haltenden Einheiten, wobei die Bestimmungen des Werkvertrages es ermöglichen, dass ein Kollege/eine Kollegin für Termine, die sonst z. B. wegen eigener Krankheit oder Krankheit der Kinder ausfallen würden, einspringt. Die Organisation der Vorbereitung und Nachbereitung obliegt jeder Lehrkraft selbst. Aufgrund der Tatsache, dass Kurse meist abends stattfinden, ist die Notwendigkeit eines sozialen Netzwerkes bzw. einer partnerschaftlichen Aufteilung der Kinderbetreuung gegeben, da kaum eine Kinderbetreuungseinrichtung entsprechende Öffnungszeiten aufweisen wird. Eine in der Erwachsenenbildung tätige Wirtschaftspädagogin berichtete:

> Als mein Sohn klein war, habe ich in der Erwachsenenbildung pausiert und als er größer war haben sich meine Eltern um ihn gekümmert, wenn ich abends Kurse gehalten habe. Das Praktische an der Arbeit in der Erwachsenenbildung ist, dass – sollte man selbst einmal krank sein oder das Kind erkranken – man einen Kollegen/ eine Kollegin bittet einzuspringen. Die Termine finden ja meistens abends statt und werden schon zu Kursbeginn bekannt gegeben, wir als TrainerInnenteam können bei Bedarf tauschen oder füreinander einspringen (I1: Z 52–59).

8.5 Gemeinsame Herausforderungen in allen Handlungsfeldern

Aus der Betrachtung der beschriebenen Handlungsfelder können zumindest folgende vier wichtige Voraussetzungen – welche nötig sind, um Familie und Beruf in den Handlungsfeldern der Wirtschaftspädagogik miteinander vereinbaren zu können – abgeleitet werden (vgl. Walther und Lukoschat 2008, S. 4; Lind 2012, S. 306):

- Qualitativ hochwertige und ausreichende Angebote zur Betreuung der Kinder.
- Flexible Arbeitsbedingungen, d. h. flexible Arbeitszeitkulturen und flexible Arbeitsorte, sowie die Anerkennung dieser flexibel geleisteten Arbeit.
- Unterstützung durch den/die direkte/n Vorgesetzte/n oder eine andere Person im Unternehmen/der Organisation/der Institution und die rechtzeitige Absprache über Karenzzeiten und die Möglichkeiten zur weiteren Einbindung in das Arbeitsleben.
- Die Proaktivität und Kompromissbereitschaft der ArbeitnehmerInnen, d. h. dass eigeninitiativ nach geeigneten Modellen gesucht wird, welche einerseits den Interessen des Unternehmens entsprechen und andererseits eigene Bedürfnisse erfüllen.

Dazu meinte eine der befragten AbsolventInnen:

> Ich finde drei Aspekte sehr wichtig, um Familie und Beruf gut vereinbaren zu können, erstens die frühzeitige Absprache über Karenzzeiten und die Möglichkeiten zur weiteren Einbindung in den Berufsalltag (d. h. die Förderung und Unterstützung durch den Arbeitgeber/die Arbeitgeberin und dabei ist natürlich die intrinsische Motivation sehr wichtig), als Zweites ist es eine Frage der Flexibilität des

Berufes (Arbeitsort, Arbeitstätigkeit) und als Drittes würde ich die liebevolle und professionelle Betreuung in einer nahe gelegenen Kinderbetreuungsstätte sehen (I2: Z 185–192).

Eine andere Wirtschaftspädagogin pflichtete den Aussagen der Literatur ebenfalls zu:

> Erstens eine gute, flexible verlässliche Kinderbetreuung, ... Zweitens finde ich die Unterstützung und Förderung des Arbeitgebers/der Arbeitgeberin sehr wichtig (I3: Z 37–40).

Außerdem sind große Belastbarkeit sowie intrinsische Motivation des Arbeitnehmers/der Arbeitnehmerin wichtig (vor allem auch während der Karenzzeit), damit die Vereinbarkeit von Familie und Beruf für AbsolventInnen der Wirtschaftspädagogik gut gelingen kann (vgl. Lind 2012, S. 305). Eine der befragten Wirtschaftspädagoginnen sagte dazu:

> ... ich habe diese unbezahlte Arbeit als Investition in meine Zukunft betrachtet und darum gerne in Kauf genommen (I2: Z 83–85).

Die aus den vier genannten Voraussetzungen resultierenden Maßnahmen (Kinderbetreuung, flexibler Arbeitsort, flexible Arbeitszeit, Förderung durch Vorgesetzte hinsichtlich Leistungserbringung während der Babypause und Wiedereinstieg) sollen nun genauer auf ihre Stärken und Schwächen hin untersucht werden.

8.5.1 Kinderbetreuung

Damit Kinder und Karriere sich überhaupt vereinbaren lassen, ist eine flexible und zuverlässige Kinderbetreuung nötig, diese reicht von institutioneller Kinderbetreuung über Babysitter, Tageseltern bis hin zu einem unterstützenden familiären Netzwerk und soll ein sorgenfreies, konzentriertes Arbeiten ermöglichen (vgl. Walther und Lukoschat 2008, S. 6). Dies war auch für die befragten Wirtschaftspädagoginnen ein Hauptkriterium:

> Das wichtigste für mich, um überhaupt arbeiten zu können, ist, dass mein Kind nicht nur gut betreut ist, also dass mein Kind sich wohl fühlt, gerne hingeht, und grundsätzlich gut betreut wird, sondern vielmehr das Gefühl, sich keine Gedanken machen zu müssen. Zu wissen, mein Kind ist gut betreut und wenn etwas wäre würde man mich anrufen und ansonsten habe ich den Kopf für die Arbeit frei und muss mich nicht ständig sorgen (I2: Z 3–8).

Und:

> ...es ist mir sehr wichtig, in der Zeit in der ich auf der Arbeit bin, den Kopf für die Arbeit frei zu haben (I3: Z 20−21).

Eltern, die Betreuungsplätze für ihre Kinder bekommen haben, sind mit dem Angebot der Betreuungseinrichtungen (flexible Betreuungszeiten, professionelles Verhalten der BetreuerInnen, abwechslungsreiches Aktivitätenprogramm) meist sehr zufrieden. So auch die befragten AbsolventInnen:

> Der Kindergarten, den mein Kind besucht, ist ein Universitätskindergarten, der Kindergarten ist hochprofessionell, unkompliziert und abwechslungsreich, ich bin hochzufrieden mit der Kinderbetreuung (I2: Z 12−18).

Jedoch stellt die oftmals unzureichende Infrastruktur zur Betreuung und Bildung von Kindern ein großes Problem dar (vgl. Walther und Lukoschat 2008, S. 6). So auch in Österreich, hierzulande fehlen mit Stand 2011 rund 44.000 Kinderbetreuungsplätze (vgl. Statistik Austria 2011, S. 45). Vor allem für Eltern, die dringend einen Betreuungsplatz benötigen, um selbst wieder berufstätig sein zu können, stellt die Ungewissheit, ob das Kind überhaupt einen Platz bekommt, häufig eine große emotionale Belastung dar. Dieses Gefühl ist auch einer der befragten Wirtschaftspädagoginnen vertraut:

> Das einzige, das mich im Zusammenhang mit der Kinderkrippe und dem Kindergarten gestresst hat, war die Ungewissheit, ob wir einen Platz bekommen. Ich wollte wieder arbeiten, ich wusste ich brauche den Betreuungsplatz, leider stehen nicht so viele Plätze zur Verfügung wie eigentlich benötigt werden, darum war die Zeit des Wartens für mich eine große emotionale Herausforderung (I2: Z 40−44).

Außerdem werden die Öffnungszeiten der Betreuungseinrichtungen, zu hohe Preise und die Erreichbarkeit der Einrichtungen bemängelt (vgl. Statistik Austria 2011, S. 45). Darum werden häufig Geld, um die nötige Infrastruktur für die Kinderbetreuung kaufen zu können, oder ein entsprechendes familiäres Umfeld − welches die Kinderbetreuung im Notfall übernimmt − als nötige Voraussetzungen genannt, um Familie und Beruf vereinbaren zu können. Die befragten Wirtschaftspädagoginnen betonten ebenfalls die Notwendigkeit eines sozialen Netzwerkes, um die Rundumbetreuung der Kinder gewährleisten zu können:

> Meine Kinder besuchen einen Betriebskindergarten bzw. eine Betriebskinderkrippe. Mein Mann bringt sie morgens hin und ich hole sie am Nachmittag ab. Das empfinde ich als große Entlastung, da ich nicht beide Wege selbst erledigen muss. Meine

Eltern sind uns auch eine große Hilfe, da sie uns für Notfälle zur Verfügung stehen und manchmal nutze ich die Dienste einer Babysitterin. Dieses soziale Netzwerk finde ich sehr wichtig, um Familie und Beruf vereinbaren zu können (I3 Z 13–18).

Aber auch mit vorhandenen professionellen Kinderbetreuungseinrichtungen kann auf familiäre Hilfe selten verzichtet werden:

... ohne Unterstützung meiner Eltern hätte ich Kind und Berufstätigkeit nicht vereinbaren können (I1: Z 35–36).

8.5.2 Familienfreundliche Arbeitszeitmodelle

Teilzeitarbeit oder flexible Arbeitszeitmodelle werden häufig als gute Möglichkeit gesehen, erwerbstätig zu sein und trotzdem Familienarbeit leisten zu können (vgl. Kinder und Karriere 2003, S. 3). Sie können somit sowohl für Lehrkräfte als auch in Handlungsfeldern außerhalb der Schule eine Möglichkeit sein, um Familie und Beruf zu vereinbaren. Die Herausforderungen eines Teilzeitjobs liegen darin, die tatsächliche Arbeitszeit zu reduzieren, den beruflichen Anschluss auf sinnvolle Weise aufrechtzuerhalten und die finanziellen Einbußen gering zu halten (vgl. Haus- und Familienarbeit 2005, S. 13; Kinder und Karriere 2003, S. 3; Ammann 2004, S. 210). Teilzeitarbeit birgt außerdem folgende Risiken: Schlechterstellung beim Einkommensverlauf, geringere Möglichkeiten der Karriereentwicklung, die schlechtere soziale Absicherung (Pensionsansprüche) und die geringe Arbeitsplatzsicherheit (vgl. Haus- und Familienarbeit 2005, S. 13; Handbuch zur Vereinbarkeit 2013, S. 15). Diese Schlechterstellung des Teilzeitarbeit leistenden Familienmitgliedes könnte einerseits gemildert werden, wenn der andere Elternteil seine Erwerbsarbeit zugunsten von Familien- und Hausarbeit reduzieren könnte/würde, andererseits wenn eine Aufwertung der Haus- und Familienarbeit erfolgen würde (vgl. Statistik Austria 2011, S. 31; Haus- und Familienarbeit 2005, S. 13).

Die flexible Gestaltung der Arbeitszeit wurde bei den befragten Absolventinnen sehr individuell gelöst. Im Wissenschaftsbereich wurde sehr auf die Bedürfnisse der Betroffenen/des Betroffenen eingegangen (vgl. I2: Z 85–87), im Schulbereich durften Wünsche zur Stundenplangestaltung geäußert werden (vgl. I1: Z 15–16) und im Bereich der Wirtschaft wurde eine Arbeitszeitreduzierung vereinbart, allerdings unter der Bedingung, dass vereinbarte Kernarbeitszeiten eingehalten werden (vgl. I3: Z 45–50).

8.5.3 Flexible Arbeitsorte

Die Problematik des Zeitmangels wird häufig durch die in den Unternehmen, Organisationen und Institutionen herrschende Anwesenheitskultur forciert (vgl. Walther & Lukoschat 2008, S. 6). Eine Möglichkeit, um ArbeitnehmerInnen mehr Flexibilität einzuräumen, ist die Heimarbeit. Arbeit von Zuhause aus ist sowohl im Lehrberuf als auch in der Wirtschaft und Wissenschaft möglich, ob und in welchem Umfang von Zuhause aus gearbeitet werden kann, hängt hauptsächlich von der Arbeitstätigkeit ab. Problematisch ist die Tatsache, dass Heimarbeit meist am Abend erledigt wird, wenn die Kinder schlafen, da ein konzentriertes Arbeiten neben den Kindern häufig schwierig ist. Somit wird das Zeitproblem nicht gelöst, sondern lediglich nach hinten verschoben. Die befragten Wirtschaftspädagoginnen kennen die Vor- und Nachteile der Heimarbeit ebenfalls und meinten dazu:

> …wobei ich Heimarbeit nur erledigen konnte, wenn die Kinder geschlafen haben, ich glaube nicht, dass man neben den Kindern gut arbeiten kann, somit kann es mitunter schon ein langer Arbeitsabend werden (I3: Z 62–65).

Und:

> … es gibt Kolleginnen, die freiwillig diese Arbeiten trotz Betreuungsverpflichtungen übernehmen. Diese Kolleginnen geben an, dass die Zusatzaufgaben für sie kein Problem darstellen, da sich diese abends von zu Hause aus problemlos erledigen lassen (I2: Z 104–107).

Außerdem wird die Arbeit von zu Hause aus vor allem im Forschungsbereich kritisch gesehen, da hier hauptsächlich die sichtbare Arbeit am Arbeitsplatz reputations- und netzwerkbildend wirkt (vgl. Lind 2012, S. 293). Für dieses Problem hatte eine befragte Absolventin einen kreativen Lösungsansatz, sie nutze die Möglichkeit der Teamarbeit:

> Unsere Strategie war, dass ich nie alleine für ein Paper verantwortlich war. Der Vorteil im Forschungsbereich ist, dass man sehr viel gemeinsam machen kann… Die Teamarbeit ermöglichte mir eine freiere Einteilung der Arbeiten, es wurden gemeinsame Termine festgelegt und Seitenumfänge vereinbart und jeder hatte dann die Möglichkeit, seinen Anteil je nach zeitlicher Möglichkeit zu schreiben (I2: Z 70–77).

Trotz einiger Nachteile hat die Möglichkeit, von zu Hause aus zu arbeiten, zumindest zwei wesentliche Vorteile, Wegzeiten und Fahrtkosten können eingespart werden (vgl. Handbuch zur Vereinbarkeit 2013, S. 39).

8.5.4 Karenz und Wiedereinstieg

Durchschnittlich unterbrechen Eltern ihre Erwerbstätigkeit für 21 Monate, jedoch hängt die Dauer der Erwerbsunterbrechung häufig vom Bildungsniveau und der Art der beruflichen Tätigkeit ab, bei WirtschaftspädagogInnen liegt die Unterbrechung bei ca. 27 Monaten. Bei Personen mit hohem Bildungsabschluss und großer beruflicher Verantwortung sind Berufsunterbrechungen also meist sehr kurz und Arbeitszeitreduzierungen eher selten (vgl. Statistik Austria 2011, S. 56; Lind 2012, S. 291–292; Stock et al. 2008, S. 89). Gerade für Väter stellt sich die Situation besonders schwierig dar, viele möchten mehr Zeit für die Familie aufbringen, stoßen aber auf Unverständnis und Widerstand vonseiten des Arbeitgebers/der Arbeitgeberin (vgl. Walther und Lukoschat 2008, S. 4). Derzeit (Stand: Juni 2013) gehen in Österreich nur etwa 4,5 % der Väter in Karenz, begründet wird dieser geringe Anteil mit finanziellen Argumenten und der Angst um die eigene Karriere. Jeder Vater, der Väterkarenz in Anspruch nimmt, hat Vorzeigewirkung. Ziel ist es also, Väterkarenz genauso zur Normalität zu machen, wie es bei Müttern der Fall ist (vgl. Walther und Lukoschat 2008, S. 5).

Der Wiedereinstieg in den Beruf gelingt vor allem dann, wenn während der Karenzzeit zumindest in geringem Stundenausmaß weitergearbeitet wird bzw. Weiterbildungen, Seminare, Kongresse usw. besucht werden. Die befragten Wirtschaftspädagoginnen bemühten sich ebenfalls erfolgreich während der Karenz Präsenz zu zeigen:

> Von KollegInnen kam oft die Aussage: ‚Du warst ja nie ganz weg.' Ich finde es sehr wichtig dabei zu bleiben, sich kleinere Ziele zu setzen aber dafür nie ganz aufzuhören (I2: Z 78–81).

Natürlich erfordert dieser Einsatz von Betroffenen eine hohe intrinsische Motivation, wobei aus den Interviews hervorging, dass alle betroffenen AbsolventInnen gerne bereit waren, diese Leistungen (auch ohne Entgeltfortzahlung) zu erbringen (vgl. I2: Z 82–84). Eine Kollegin brachte es folgendermaßen auf den Punkt:

> Man muss flexibel bleiben, da man nicht mehr soviel leisten kann wie KollegInnen ohne Kinder (I3: Z 88–90).

8.5.5 Unterstützung durch den Arbeitgeber/die Arbeitgeberin

Manche ArbeitgeberInnen reagieren auf die Bekanntgabe einer Schwangerschaft eher negativ. Daraus folgt häufig eine negative berufliche Entwicklung aufgrund der mangelnden Unterstützung durch den Vorgesetzten/die Vorgesetzte (vgl. Lind

2012, S. 289–293). Oftmals werden jedoch vorhandene Handlungsspielräume zugunsten der Eltern ausgeschöpft (vgl. ebd., S. 304). Gespräche mit Vorgesetzten über Kinderwunsch und Vereinbarkeitsmöglichkeiten sind sehr wichtig (vgl. ebd., S. 290). Führungskräfte und KollegInnen beeinflussen maßgeblich, ob Familienfreundlichkeit als Teil der Unternehmenskultur anerkannt und im Arbeitsalltag umgesetzt wird. Die aus der Haus- und Familienarbeit erworbenen sozialen Fähigkeiten sowie eine häufig auftretende gesteigerte berufliche Motivation und ein effektiverer Arbeitsstil kommen dem/der ArbeitgeberIn zugute (vgl. Charta-Familie-Beruf 2012, S. 2). Eine Wirtschaftspädagogin antwortete auf die Frage, ob sich ihre Prioritäten aufgrund der Kinder verändert hätten, so:

> Ja, ich arbeite jetzt anders. Die Zeit, die ich für die Arbeit zur Verfügung habe, nutze ich effektiver. Außerdem habe ich mich durch meine Kinder in meiner Persönlichkeit verändert, ich bin jetzt selbstbewusster und kann z. B. besser delegieren als ich das noch vor meinen Kindern konnte. Delegieren musste ich erst lernen, vor meinen Kindern habe ich dazu geneigt, die Arbeiten selbst zu erledigen (dann sitzt man schon mal ein, zwei Stunden länger im Büro), jetzt geht das nicht mehr, was ich selbst nicht mehr schaffe, muss ich an andere abgeben (I3: Z 95 – 101).

Der Einsatz von familienfreundlichen Maßnahmen kann somit dazu beitragen, die Vereinbarkeitssituation der ArbeitnehmerInnen zu verbessern. Einige der kritisierten Maßnahmen sind sehr bedarfsorientiert und werden bereits sehr gut umgesetzt, andere bedürfen noch einiges an Weiterentwicklung. Inwieweit genannte Maßnahmen eingesetzt werden, hängt stark von den Möglichkeiten und Einstellungen des Arbeitgebers/der Arbeitgeberin ab.

8.6 Fazit

Es existieren zahlreiche familienfördernde Maßnahmen, jedoch hängt die Entscheidung, ob und wie sie in Unternehmen, Organisationen und Institutionen eingesetzt werden, von verschiedenen Faktoren (z. B. Bedarf, Unternehmensgröße, Einstellung der Vorgesetzten) ab. Dementsprechend ergeben sich verschiedene Vereinbarkeitssituationen in den Handlungsfeldern der Wirtschaftspädagogik und der „ideale Beruf" ist nicht zu definieren. Jedes Handlungsfeld der Wirtschaftspädagogik hat seine Vorteile und Nachteile und beinhaltet unzählige verschiedene DienstgeberInnen mit unterschiedlicher familienpolitischer Schwerpunktsetzung. Allerdings gilt für alle Bereiche, dass zumindest vier Voraussetzungen (Kinderbetreuung, Unterstützung durch Vorgesetzte, flexible Gestaltung von Arbeitszeit und -ort und die Proaktivität bzw. Kompromissbereitschaft) erfüllt sein müssen, damit eine Vereinbarkeit von Familie und Beruf gut funktionieren kann. Das Gelingen der Vereinbarkeit sowie ein beruflicher Wiedereinstieg nach einer Babypause hängen ebenfalls stark von der intrinsischen Motivation und Leistungsbereitschaft des/der Betroffenen ab. Somit wird die Vereinbarkeit von Familie und Beruf in allen Handlungsfeldern häufig durch eine Anpassung der privaten Lebensumstände an die beruflichen Anforderungen erzielt. Der Abschluss des Studiums der Wirtschaftspädagogik kann insofern als Vorteil gesehen werden, als dass die AbsolventInnen aufgrund der Mehrfachqualifizierung durch das Studium viele verschiedene Möglichkeiten haben, sich beruflich zu verwirklichen.

Literatur

Ammann, T. (2004). *Zur Berufszufriedenheit von Lehrerinnen. Erfahrungsbilanzen in der mittleren Berufsphase.* Bad Heilbrunn: Klinkhardt.
Bertram, H., Bujard, M., Neyer, G., Ostner, I., & Spieß, C. K. (2012). Familienpolitik für Kinder und Eltern. In G. Stock, H. Bertram, A. Fürnkranz-Prskawetz, W. Holzgreve, M. Kohli, & U. M. Staudinger (Hrsg.), *Zukunft mit Kindern. Fertilität und gesellschaftliche Entwicklung in Deutschland, Österreich und der Schweiz* (S. 198–282). Frankfurt a. M.: Campus.
Charta-Familie-Beruf. (2012). Charta zur Vereinbarkeit von Familie und Beruf. https://www.bmwfj.gv.at/Familie/VereinbarkeitVonFamilieUndBeruf/Documents/Charta%20-%20Homepage.pdf. Zugegriffen: Okt. 2013.
Handbuch zur Vereinbarkeit. (2013). Handbuch zur Vereinbarkeit von Familie und Beruf für kleine und mittlere Unternehmen. http://www.familieundberuf.at/fileadmin/user_upload/Studien_und_Literatur/Handbuch_Vereinbarkeit_5._Auflage_2013.pdf. Zugegriffen: Okt. 2013.
Harde, M. E., & Schwarzkopf, M. (2012). „Rush Hour des Lebens" – wissenschaftliche Karrieren und Familienwunsch. *Forschung & Lehre,* 19. Jahrgang, April 2012, 304–305.
Harrer, N. (2014). Vereinbarkeit von Familie und Beruf für AbsolventInnen der Wirtschaftspädagogik. (unveröff. Diplomarbeit, Graz).
Haus- und Familienarbeit. (2005). Positionspapier Haus- und Familienarbeit. http://www.frauenbund.ch/fileadmin/user_upload/Files/PDF/Positionspapiere/Haus-_und_Familienarbeit.pdf. Zugegriffen: März 2014.
Juntunen, E., & Juntunen, H. (2011). Et liberi et scientia – und es geht doch! Über die Vereinbarkeit von Familie und Karriere. *Forschung & Lehre,* 18. Jahrgang, Oktober 2011, 776–777.
Kinder und Karriere. (2003). Kurzfassung Kinder und Karriere – Vereinbarkeit von Beruf und Familie (Bd. 2): Österreich, Irland und Japan. http://browse.oecdbookshop.org/oecd/pdfs/free/9789264104204-sum-de.pdf. Zugegriffen: Febr. 2014.

Lind, I. (2012). Mit Kindern auf dem Karriereweg – Wie kann Vereinbarkeit von Elternschaft und Wissenschaft gelingen? In S. Beaufays, A. Engels, & H. Kahlert (Hrsg.), *Einfach Spitze? Neue Geschlechterperspektiven auf Karrieren in der Wissenschaft* (S. 280–311). Frankfurt a. M.: Campus.

Liszt, V., Stock, M., Opetnik, J.-M., & Hofstadler, N. (2013). Handlungsfelder der Wirtschaftspädagogik. In M. Stock & G. Tafner (Hrsg.), *Wirtschaftspädagogik. Ein Lehrbuch* (S. 121–196). Graz: Uni-Press Graz Verlag.

Statistik Austria. (2011). Vereinbarkeit von Beruf und Familie. Modul der Arbeitskräfteerhebung 2010. http://www.statistik.at/dynamic/wcmsprod/idcplg?IdcService=GET_NATIVE_FILE&dID=108690&dDocName=059717. Zugegriffen: Okt. 2013.

Stock, M., Fernandez, K., Schelch, E., & Riedl, V. (2008). *Karriereverläufe der Absolventinnen und Absolventen der Wirtschaftspädagogik am Standort Graz. Eine empirische Untersuchung.* Graz: Uni-Press Graz Verlag.

Treptow, E. (2006). *Bildungsbiografien von Lehrerinnen und Lehrern. Eine empirische Untersuchung unter Berücksichtigung geschlechtsspezifischer Unterschiede.* Münster: Waxmann.

Walther, K., & Lukoschat, H. (2008). Kinder und Karrieren: Die neuen Paare. Eine Studie der EAF im Auftrag der Bertelsmann Stiftung. Kurzzusammenfassung. http://www.w-fforte.at/fileadmin/Redaktion/Daten/Wissenschafft_Erkenntnis/Kurzzusammenfassung_Kinder_und_Karrieren.pdf. Zugegriffen: Apr. 2014.

Über die Autorin

Nadine Harrer, Mag. Studium der Wirtschaftspädagogik an der Karl-Franzens-Universität Graz. Seit November 2014 Sachbearbeiterin für Materialwirtschaft bei der Brau Union Österreich AG.

Studieren mit Kind

9

Daten und Fakten zur Vereinbarkeit von Kind und Studium an der Karl-Franzens-Universität Graz

Lisa-Marie Berger und Jasmin Gragger

Eine Gruppe der Gesellschaft, die von der Vereinbarkeitsthematik betroffen ist, im öffentlichen Dialog jedoch seltener genannt wird, ist die der Studierenden mit Kind/ern. Für ebendiese Gruppe und ihre individuelle Vereinbarkeitssituation lassen sich wenige wissenschaftlich erhobene Daten und Fakten finden. Unseres Erachtens sind die Studierenden mit Kind/ern, speziell mit Blick auf den Vereinbarkeitsaspekt von Kind und Studium, eine Gruppe, der mehr wissenschaftliche Aufmerksamkeit gewidmet werden sollte. Vor allem mit Fokus auf die individuellen persönlichen Meinungen und Ansichten der Studierenden, um längerfristig auf Ergebnisse reagieren und Veränderungen bewirken zu können.

L.-M. Berger (✉) · J. Gragger
Miesenbach bei Birkfeld, Österreich
E-Mail: lisa-marie.berger@gmx.at

J. Gragger
E-Mail: jasmin.gragger@hotmail.com

© Springer Fachmedien Wiesbaden GmbH 2017
J. Spiegl (Hrsg.), *Vereinbarkeit von Beruf und familiären Sorgepflichten*,
DOI 10.1007/978-3-658-14575-0_9

9.1 Daten zu Anzahl, Alter und Geschlecht der Studierenden mit Kind/ern

In Österreich werden seit 1975 vom Institut für höhere Studien Wien (IHS) im Abstand von drei bis vier Jahren Erhebungen zur sozialen Lage von Studierenden durchgeführt (siehe Unger et al. 2012).[1] Die letzte Studierenden-Sozialerhebung fand im Jahr 2011 statt und enthält Angaben zu 44.000 Studierenden aus allen öffentlichen Hochschulen Österreichs[2], davon knapp 4000 Studierende (9 %) mit zumindest einem Kind unter 27 Jahren (vgl. Wejwar et al. 2012, S. 7). An der Karl-Franzens-Universität Graz beläuft sich dem IHS-Zusatzbericht folgend der Prozentsatz der Studierenden mit zumindest einem Kind auf 7,1 % bei den weiblichen und 8,6 % bei den männlichen Studierenden (vgl. ebd., S. 20).

Laut EUROSTUDENT V, einem europaweiten Bericht zur Lage der Studierenden in 30 Ländern, sind Studierende mit Kind/ern an Österreichs Hochschulen durchschnittlich 26 Jahre alt und haben Kinder im Alter von bis zu 14 Jahren (vgl. ebd., S. 17; Hauschildt et al. 2015, S. 64). Das IHS fand in seinem Zusatzbericht heraus, dass mehr als die Hälfte der Studierenden sich in einer Partnerschaft befinden, 31 % leben mit diesem/dieser PartnerIn und dem eigenen bzw. dem Kind des/der Partners/Partnerin in einem gemeinsamen Haushalt. Lediglich ein Anteil von 0,5 % der Studierenden mit Kind lebt nicht im selben Haushalt mit ihren Kindern. Gründe dafür lassen sich hauptsächlich auf ein höheres Alter der Kinder und die Tatsache, dass ältere Kinder häufig bereits selbst einen eigenen Haushalt besitzen, zurückführen (vgl. Wejwar et al. 2012, S. 10, 14).

9.2 Auswirkungen auf Studien- und Lebenssituation

In Anbetracht der Resultate wird deutlich, dass sich vordergründig das Alter der Kinder und das Geschlecht der studierenden Eltern auf die Studiensituation und auch die Lebenssituation auswirkt (vgl. Unger et al. 2012, S. 90). Von den 9 % der Studierenden mit Kind unter 27 Jahren haben 4,6 % Kinder im betreuungspflichtigen

---

[1]Die Forschungsarbeit mit dem Titel „Die Vereinbarkeit von Kind und Studium – Eine empirische Studie zur Situation von Studierenden mit Kind an der Karl-Franzens-Universität Graz" findet sich in der Universitätsbibliothek. Auch bei unikid & unicare, der Anlaufstelle für Vereinbarkeit der Universität Graz, sind die Ergebnisse zugänglich.

[2]Unter Hochschulen werden in dieser Sozialerhebung tertiäre Bildungseinrichtungen zusammengefasst, wie berufsbegleitende oder Vollzeit-Fachhochschulen, Pädagogische Hochschulen, sowie allgemeine, medizinische, technische und Kunstuniversitäten.

Alter – im Vergleich dazu haben nur 0,2 % der Kinder keinen Betreuungsbedarf. In der Studierenden-Sozialerhebung wurde die Altersgrenze für einen Betreuungsbedarf auf sieben Jahre gelegt (vgl. ebd., S. 91). Ein möglicher Schluss in Zusammenhang mit diesen Ergebnissen ist, dass studierende Mütter und Väter mit Kindern im betreuungspflichtigen Alter sich weniger intensiv einem Studium widmen können als Studierende ohne Kinder. Vor allem Frauen wenden sich mehr der Betreuung ihrer Kinder zu (vgl. ebd., S. 397).

Am besten lässt sich laut den Ergebnissen der Erhebung das Studium und die Elternschaft von Studierenden vereinbaren, wenn Kinder einen fixen Platz in einer Betreuungseinrichtung finden oder bereits im schulpflichtigen Alter sind (vgl. Wejwar et al. 2012, S. 23). Beide Geschlechter wünschen sich daher verstärkt flexible stunden- oder tageweise Betreuungsmöglichkeiten, wobei Väter häufiger und schneller Lösungen für die Betreuung ihres/ihrer Kindes/er finden als Mütter (vgl. ebd., S. 32 f.).

Ebenfalls gehen Studierende mit Kind/ern häufiger einer Erwerbstätigkeit nach als Studierende ohne Kind/er. Das liegt unter anderem am höheren Alter von Studierenden mit Kind/ern (vgl. ebd., S. 397). Vor allem Studenten mit Kindern mit Betreuungsbedarf arbeiten in einem Ausmaß von durchschnittlich 34 h neben dem Studium. Dabei zeigt sich, dass die Höhe der wöchentlichen Arbeitsstunden abhängig vom Alter des Kindes/der Kinder ist (vgl. ebd., S. 9). Je älter das Kind/die Kinder, desto mehr Wochenstunden arbeiten studierende Eltern. Auch die Tatsache, dass sich mit steigendem Alter des Kindes/der Kinder der Betreuungsaufwand verringert, trägt zur Erhöhung des Arbeitsausmaßes bei. Wenngleich dies vermehrt bei studierenden Vätern der Fall ist, da diese einerseits oftmals aufgrund der Einkommensgrenzen keine staatlichen Förderungen beantragen können und somit allein oder mit der Partnerin für den Lebenserhalt aufkommen müssen, und andererseits weniger finanzielle Unterstützung seitens ihrer Partnerinnen oder anderer Personen beziehen (vgl. ebd., S. 76). Grundsätzlich lässt sich aber sagen, dass sich ein erhöhtes Erwerbsausmaß wiederum positiv auf die finanzielle Situation der Familie auswirkt. Je mehr gearbeitet wird, desto mehr Geld steht der Familie zur Verfügung (vgl. ebd., S. 55). Ein weiterer Einflussfaktor, der sich nicht nur auf das Erwerbsausmaß, sondern auf die gesamte finanzielle Situation von Studierenden auswirkt, ist, ob ein/eine PartnerIn vorhanden ist und ob diese/r PartnerIn sich ebenfalls in einer Ausbildung befindet oder bereits voll erwerbstätig ist. Der größte Teil aller Studierenden befindet sich in einer Partnerschaft mit einer Person, die einer Erwerbstätigkeit nachgeht (vgl. ebd., S. 9).

Die Studierenden-Sozialerhebung des IHS beschäftigte sich abschließend noch mit den Wünschen, Meinungen und Erfahrungen von Studierenden in Bezug auf universitäre Rahmenbedingungen und wie sich diese auf die persönliche

Studiensituation auswirken. Dazu äußerten viele Studierende mit Kind die Problematik unflexibler Lehrangebote, welche nicht familienfreundlich gestaltet sind. Anwesenheitspflicht und Lehrveranstaltungen, die fast ausschließlich nachmittags stattfinden, werden neben dem mangelnden Verständnis von Lehrenden für die Situation studierender Mütter/Väter als problematisch angesehen. Studierende wünschen sich mehr Möglichkeiten der Mitgestaltung hinsichtlich des Lehrangebotes und der Lehrveranstaltungen. Außerdem sollen diese auch abends oder am Wochenende angeboten werden. Zudem wäre, laut den Studierenden mit familiären Pflichten, in Anbetracht unseres technologischen Zeitalters das Angebot von Online-Unterlagen oder Online-Aufzeichnungen der Lehrveranstaltungen eine vernünftige und machbare Lösung (vgl. ebd., S. 70).

9.3 Resümee

Zusammenfassend lässt sich sagen, dass die Situation von Studierenden mit Kind/ern, speziell mit Blick auf die Vereinbarkeitsthematik, in der Forschung sowie in aktuellen gesellschafts- und familienpolitischen Diskussionen bisher wenig Beachtung gefunden hat. Es gibt kaum wissenschaftlich erhobene Daten in diesem speziellen Feld. Lediglich die Studien des IHS und von EUROSTUDENT haben sich näher mit der Thematik auseinandergesetzt. Allerdings handelt es sich dabei einmal um eine europaweite Datenerhebung und einmal um eine österreichweite Forschung. Speziell für Graz wurden in diesem Ausmaß bis jetzt keine genauen Daten erfasst. Dementsprechend liegt der Universität und der ÖH auch wenig bis kein Material vor.

9.4 Ausblick

In unserer 2015 vorgelegten Masterarbeit[3] haben wir uns das Ziel gesetzt, die Situation der Studierenden mit Kind/ern an der Karl-Franzens-Universität Graz darzustellen und zu beschreiben, wie sich die Vereinbarkeit von Kind und Studium aus Sicht der studierenden Mütter und Väter gestaltet. Wenn wir von der Situation von

---

[3]Die Forschungsarbeit mit dem Titel „Die Vereinbarkeit von Kind und Studium – Eine empirische Studie zur Situation von Studierenden mit Kind an der Karl-Franzens-Universität Graz" findet sich in der Universitätsbibliothek. Auch bei unikid & unicare, der Anlaufstelle für Vereinbarkeit der Universität Graz, sind die Ergebnisse zugänglich.

Studierenden mit Kind/ern sprechen, meinen wir im Detail individuelle Erfahrungen, Lebens- und Wohnsituation, Maßnahmen der Kinderbetreuung, Studiensituation und universitäre Rahmenbedingungen sowie finanzielle Situation. Außerdem war es uns ein Anliegen herauszufinden, ob und wie die Karl-Franzens-Universität Graz ein Studium mit Kind, also die Vereinbarkeit von Kind und Studium, gewährleisten kann und ob sie den Vorstellungen einer familienfreundlichen Bildungseinrichtung seitens der Studierenden entspricht. Unsere zentrale Forschungsfrage lautete demnach: Wie gestaltet sich die Vereinbarkeit von Kind und Studium an der Karl-Franzens-Universität Graz? Schwerpunkte waren:

- Faktoren, welche die Vereinbarkeit von Kind und Studium beeinflussen
- Unterschiede in der Realisierung der Vereinbarkeit von Kind und Studium
- Rahmenbedingungen sowie Unterstützungsangebote seitens der Karl-Franzens-Universität Graz in Bezug auf Familienfreundlichkeit und die Vereinbarkeit von Kind und Studium
- Wünsche, Herausforderungen, Schwierigkeiten, Kritik und Verbesserungsvorschläge vonseiten der Studierenden mit Kind/ern

Für die Durchführung des Forschungsvorhabens wurden zum einen die quantitative Methode des Fragebogens und zum anderen die qualitative Methode der Gruppendiskussion herangezogen. Somit handelte es sich hier um eine Methodentriangulation. Durch die Verwendung zweier Methoden der Sozialforschung hofften wir, die Realität der Vereinbarkeitssituation von Studierenden mit Kind/ern möglichst genau darstellen zu können. Im Rahmen dieser Studie war die Kooperation mit der Universität, speziell mit unikid & unicare, der Anlaufstelle für Vereinbarkeit der Karl-Franzens-Universität Graz, zentral, um auf die Forschungsergebnisse umfangreicher reagieren und eventuell Veränderungen einleiten zu können. Daher versuchten wir, wichtige Daten über Studierende mit Kind/ern zu generieren, damit in weiterer Folge auf Basis dieser erhobenen Daten über die Formulierung neuer Ziele in Bezug auf die Vereinbarkeit von Kind und Studium nachgedacht werden kann.

9.5 Auszug aus den Ergebnissen

Welche Faktoren beeinflussen also die Vereinbarkeit von Kind und Studium? Mit Blick auf unsere Ergebnisse können hier vor allem Kinderbetreuungsangebote, universitäre und rechtliche Rahmenbedingungen, familiale und soziale Unterstützungsnetzwerke, finanzielle Unterstützungsleistungen, individuelle Faktoren, der

Zeitfaktor, eine zusätzliche Berufstätigkeit, der Wohnraum und die Wohnumgebung sowie der Kontakt zu Lehrenden, Mitstudierenden und Kinderbetreuungspersonal in Einrichtungen genannt werden. Weiters kristallisierte sich die psychische Belastung (aufgrund der Schwierigkeit, mehrere Lebensbereiche miteinander zu vereinen) als wichtiger Einflussfaktor heraus (vgl. Berger und Gragger 2015).

Unterschiede in der Realisierung der Vereinbarkeit von Kind und Studium ließen sich im Rahmen unserer Studie vor allem in Bezug auf den Familienstand und das Wohnen am Land feststellen. So wird beispielsweise die Entfernung zur Universität von Studierenden, die am Land leben, negativer bewertet als von jenen, die ihren Wohnsitz in der Stadt haben. Unterschiede haben sich auch in den familialen Unterstützungsleistungen ergeben, insbesondere bei der Unterstützung von den Eltern der Studierenden. Hier reicht die Spanne der Unterstützungsleistungen von täglich bis mehrmals die Woche, von am Wochenende und ein- bis zweimal im Monat bis zu nie (vgl. ebd.).

Bezug nehmend auf die Wünsche, Schwierigkeiten, Herausforderungen und Verbesserungsvorschläge der Studierenden mit Kind/ern ergaben sich Themenbereiche, die den zuvor genannten Einflussfaktoren entsprechen. Studierende mit Kind/ern wünschen sich vor allem bessere, günstigere und flexiblere Kinderbetreuungsangebote, günstigeren Wohnraum, mehr finanzielle Unterstützungsleistungen sowie bessere universitäre Rahmenbedingungen, die ihren Bedürfnissen gerecht werden. Um die Situation für die Studierenden mit Kind/ern zu verbessern, bedarf es in diesem Zusammenhang in erster Linie einer Erhöhung finanzieller Zuwendungen, einer Verbesserung der strukturellen und studienrechtlichen universitären Bedingungen, einer Ausweitung des Raumes für Studierende mit Familie sowie eines Ausbaus der Betreuungsmaßnahmen, Unterstützungsleistungen und Netzwerke (vgl. ebd.).

Bezüglich der Rahmenbedingungen und Unterstützungsangebote in Bezug auf Familienfreundlichkeit und die Vereinbarkeit von Kind und Studium konnte festgestellt werden,

> dass von den Studierenden mit Kind/ern sehr wohl Unterstützungsbedarf vonseiten der Universität besteht, dass allerdings gerade die universitären Strukturen vielfach eine besondere Herausforderung für die Studierenden sind und sogar als familienfeindlich bezeichnet wurden. In diesem Kontext bedarf es der Schaffung von (mehr) Raum für Studierende mit Kind/ern (und ihre Anliegen) an der Universität, im Sinne eines Verständnisses von Lehrenden und Mitstudierenden, eines familienfreundlichen Klimas und Umfelds sowie an ihre Situation angepasste Kinderbetreuungsangebote. Wobei anzumerken ist, dass auch Betreuungsangebote nicht auf alle (individuellen) Situationen und Umstände reagieren können. Vielmehr geht es darum, eine Selbstverständlichkeit für die Situation der Studierenden mit Kind/ern zu entwickeln (Berger und Gragger 2015).

Literatur

Berger, L.-M., & Gragger, J. (2015). Die Vereinbarkeit von Kind und Studium – Eine empirische Studie zur Situation von Studierenden mit Kind an der Karl-Franzens-Universität Graz (unveröff. Masterarbeit).
Hauschildt, K., Gwosć, C., Netz, N., & Mishra, S. (2015). *Social and Economic Conditions of Student Life in Europe. Synopsis of Indicators. EUROSTUDENT V 2012–2015*. Bielefeld: Bertelsmann.
Unger, M., Dünser, L., Fessler, A., Grabher, A., Hartl, J., Laimer, A., Thaler, B., Wejwar, P., & Zaussinger, S. (2012). *Studierenden-Sozialerhebung 2011. Bericht zur sozialen Lage der Studierenden. Bd. 2: Studierende*. Wien: Institut für Höhere Studien (IHS).
Wejwar, P., Laimer, A., & Unger, M. (2012). *Studierende mit Kindern. Zusatzbericht der Studierenden-Sozialerhebung 2011*. Wien: Institut für Höhere Studien (IHS).

Über die Autorinnen

Lisa-Marie Berger, MA Studium der Sozialpädagogik an der Karl-Franzens-Universität Graz. Ausgebildete Übungsleiterin für Kinder- und Jugendsportpädagogik sowie lizensierte Kangatrainerin. Seit März 2016 selbstständig als Kangatrainerin tätig.

Jasmin Gragger, MA Studium der Sozialpädagogik an der Karl-Franzens-Universität Graz. Seit Jänner 2016 als Work & Traveller in Asien unterwegs mit anschließender Welterkundungsreise.

Das Spannungsverhältnis von Vereinbarkeit und Gleichstellung am Beispiel elementarpädagogischer Institutionen

Eine historische Spurensuche bis in die Gegenwart

Christina Pernsteiner

Mit Entstehung außerfamiliärer (Klein-)Kinderbildungs- und -betreuungseinrichtungen in der Neuzeit konnte für Mädchen und Buben erstmals ein eigener pädagogischer Schutz- und Schonraum abseits von Erwerbsarbeit etabliert werden (vgl. Bamler et al. 2010, S. 15–25). Gleichzeitig boten die elementarpädagogischen Berufsfelder vor allem für Frauen aus dem BürgerInnentum neue Möglichkeiten, um im Sinne der „(geistigen) Mütterlichkeit" im Erwerbsleben Fuß zu fassen (vgl. Metzinger 2009, S. 348–357). Der vorliegende Beitrag gibt einen Einblick in die Entstehung elementarpädagogischer Einrichtungen und versucht dem Wechselverhältnis zwischen der Elementarpädagogik und der Vereinbarkeitsfrage von Erwerbsleben und Familie im historischen Verlauf nachzuspüren. Anschließend wird ein Blick auf aktuelle Unterstützungsmaßnahmen zur Vereinbarkeit innerhalb der elementarpädagogischen Landschaft in Österreich und Deutschland geworfen. Auch hier spielen Gleichstellungsdiskurse eine zentrale Rolle.

C. Pernsteiner (✉)
Graz, Österreich
E-Mail: christina.pernsteiner@uni-graz.at

10.1 Vereinbarkeit als Gründungsmotiv elementarpädagogischer Einrichtungen

Die historischen Wurzeln elementarpädagogischer Einrichtungen liegen im Zeitalter der beginnenden Industrialisierung im 18. und 19. Jahrhundert in West- und Mitteleuropa. Damit einhergehende Phänomene – beispielsweise die Trennung von Privatsphäre und Produktion, die fortschreitende Technologisierung und dadurch verstärkte Arbeitsteilung und Arbeitsspezifizierung, die Entstehung des Industrieproletariats oder die Emanzipationsbewegungen des BürgerInnentums – führten zu einer Neuordnung der sozioökonomischen Verhältnisse (vgl. Konrad 2012, S. 11–26). In diese Epoche fällt die sogenannte „Entdeckung der Kindheit" (vgl. Bamler et al. 2010, S. 17–19). Bis zum Spätmittelalter drückte der Kindheitsbegriff an und für sich eine Verwandtschaftsbeziehung (vgl. Andresen und Hurrelmann 2010, S. 11) und weniger einen spezifischen, vor allem von (formaler) Erziehung und Bildung geprägten Abschnitt in der menschlichen Biografie aus. Zwar waren Mädchen und Buben auch damals in der ersten Lebenszeit in einem starken Abhängigkeitsverhältnis, aber die Übernahme der Erwachsenen-Position fand mit etwa sieben Jahren deutlich früher statt (vgl. Konrad 2012, S. 11). So war es in breiten Teilen der Bevölkerung selbstverständlich, dass sich Mädchen und Buben früh am Arbeitsleben beteiligten. Was sie dabei an Wissen und Können für ihr Selbstständigwerden benötigten, lernten die Mädchen und Buben in erster Linie im familiären Umfeld (vgl. ebd.). Eigene pädagogische Einrichtungen existierten nur in einem sehr begrenzten Ausmaß und waren den klerikalen und adeligen Kreisen vorbehalten (vgl. ebd., S. 18). Dennoch trugen diese zu einem neuen Verständnis von Kindheit als einen besonderen Schutz-, Schon- und Lernraum bei, welches sich ab dem 16. Jahrhundert langsam quer durch alle Gesellschaftsschichten etablierte: „Für Kinder, deren Eltern es sich leisten konnten, hieß das, dass sie durch Unterricht auf das Erwachsenenleben vorbereitet werden sollten. [...] Kinder galten [...] als unfertige Gesellschaftsmitglieder [...], die besondere Verhaltensansprüche stellten und denen noch nicht alle Handlungsmöglichkeiten und Teilnahmerechte eines Erwachsenen zugesprochen werden konnten" (Andresen und Hurrelmann 2010, S. 14–15).

Unabhängig davon, ob diese Entwicklungen und die sich daraus ergebenden Konsequenzen nun als Fort- oder Rückschritt gedeutet werden[1], lassen sich einige

---

[1]Lloyde de Mausse vertritt in seinem Werk „Hört ihr die Kinder weinen" (1974) den Standpunkt, dass es sich hierbei um einen gesellschaftlichen Fortschritt im Umgang mit Heranwachsenden handelte, da ihre besonderen Bedürfnisse, Interessen und Rechte immer stärker beachtet werden. Zu einer völlig anderen Schlussfolgerung kommt hingegen Philippe Ariès in „Geschichte der Kindheit" (1975), wo er die aus seiner Sicht zunehmend beschränkte Freiheit der Kinder und deren Isolation kritisiert (vgl. Liegle 2012, S. 19).

Phänomene festmachen (vgl. Gansen 2010, S. 30), die unser gegenwärtiges Verständnis von Kindheit stark geprägt und im Zeitalter der Industrialisierung ihre Wurzeln haben. Dazu zählen vor allem die (räumliche) Entflechtung von Erwachsenen- und Kinderleben, die Ausbreitung pädagogischer Einrichtungen, welche schließlich in die Unterrichtspflicht mündete, sowie der zunehmende Ausschluss von Kindern aus dem Erwerbsleben, welcher jedoch bis weit ins 20. Jahrhundert hinein, insbesondere in bäuerlichen Familien nur langsam umgesetzt wurde (vgl. Bamler et al. 2010, S. 30–31).

Die neu postulierte Erziehungs- und Bildungsbedürftigkeit von Heranwachsenden war auch Nährboden für die verstärkte Auseinandersetzung mit dem Kleinkindalter. Die pädagogischen Werke von Jan Ámos Komensky, Jean Jacques Rousseau sowie Johann Heinrich Pestalozzi ebneten hier den Weg für ein zunehmendes Verständnis für die Bedeutung der Erziehung und Bildung in den ersten Lebensjahren. Damit einher ging insbesondere in bürgerlichen Kreisen das Interesse, Mädchen und Buben umfassend in ihrer Entwicklung zu fördern (vgl. Andresen und Hurrelmann 2010, S. 15). Hier „war man auf die kindliche Arbeitskraft nicht angewiesen und konnte sich folglich den Luxus eines pädagogischen Schutz- und Schonraumes leisten" (Konrad 2012, S. 18). Allerdings war die bürgerliche Erziehung stark von geschlechtsspezifischen Idealen geprägt, welche Mädchen auf ihre spätere Rolle als Ehefrau und Mutter vorbereiten sollte, während bei den Buben das Leitbild des außer Haus arbeitenden Familienernährers angestrebt wurde (vgl. Andresen und Hurrelmann 2010, S. 15).

Neben dieser Bedeutungszunahme von früher Erziehung und Bildung lag ein zweites essentielles Gründungsmotiv von elementarpädagogischen Einrichtungen in sozialfürsorgerischen Überlegungen. Im Laufe der Industrialisierung wandelten sich die wirtschaftlichen Verhältnisse und Missstände, schlechte Arbeitsbedingungen und -entlohnung, Armut, Hunger und Wohnungsnot spitzten sich zu. Da sich Lebens- und Arbeitsraum voneinander lösten und die Großfamilie zunehmend verschwand, blieben Kinder insbesondere in den ärmeren Schichten häufig sich selbst überlassen bzw. zu Hause ohne Beaufsichtigung eingesperrt. Dieses Dilemma stellte die Gesellschaft vor neuen Herausforderungen: „Ein unter dem Druck der sich wandelnden wirtschaftlichen Verhältnisse erzwungener familialer Umstrukturierungsprozess führt zu der Notwendigkeit, zuvor von der Familie wie selbstverständlich erbrachte soziale Leistungen auf Institutionen außerhalb der Familie zu übertragen. Da die Hauptbetroffenen, die ländlichen Unterschichten und das Industrieproletariat, aufgrund der schweren Armutszustände kaum in der Lage sind, dies selbst zu organisieren, ein Sozial- und Wohlfahrtsstaat aber noch nicht einmal in Umrissen vorhanden ist, bedarf es des (freiwilligen) Engagements derjenigen sozialen Schichten, die dies vermögen, des Adels und des Bürgertums" (Konrad 2012, S. 26).

Dieses Engagement der höheren sozialen Schichten mündete in die Initiierung und Differenzierung außerfamiliärer Erziehungs- und Betreuungsinstitutionen für Kleinkinder (vgl. Bamler et al. 2010, S. 28–29). Einerseits wurden als Schutz vor Lebensgefahren und zur Verhinderung einer kriminellen Laufbahn sogenannte „Kleinkinderbewahranstalten" geschaffen. Andererseits entstanden „Kleinkinderschulen", welche nicht nur auf die außerfamiliäre Beaufsichtigung zielten, sondern – nachdem sie häufig an Ordens- bzw. Diakonissenhäusern angegliedert waren – Erziehung und Unterricht nach christlichen Wertvorstellungen in den Mittelpunkt stellten (vgl. Konrad 2012, S. 53).[2] Diese stark sozialfürsorgerischen Motive führten dazu, dass die historischen Wurzeln der öffentlichen Kleinkindererziehung bis heute überwiegend „nicht als Teil der Bildungsgeschichte, sondern als Teilbereich der Kinder- und Familienhilfe" (Metzinger 2009, S. 348) verortet werden. Erst mit dem „Kindergarten", der dritten Art der elementarpädagogischen Einrichtungen, rücken die bildungsbezogenen Gründungsmotive stärker in den Vordergrund. Friedrich Fröbel, welcher als Begründer gilt, setzte dabei auf ein Modell, welches den Kindergarten als erste Stufe des Bildungsweges vorsah und das kindliche Spiel als fundamentalen Bestandteil in den Mittelpunkt stellte (vgl. Bamler et al. 2010, S. 30).

10.2 „(Geistige) Mütterlichkeit" als Legitimation einer elementarpädagogischen Berufsausübung

Mit der Gründung und Differenzierung von elementarpädagogischen Einrichtungen stand gleichzeitig die Frage nach dem passenden Personal bzw. die damit verbundene Qualifizierung im Raum. Fröbel sah zunächst männliche Fachkräfte vor, welche auf dem gleichen Niveau wie LehrerInnen ausgebildet werden sollten. Seine Konzeption des Kindergartens stieß aber fast nur bei Frauen auf Interesse, sodass Fröbel seine ursprüngliche Idee verwerfen musste (vgl. Rohrmann 2008, S. 151–153). Insbesondere die bereits thematisierten bürgerlichen Ideale von Weiblichkeit

---

[2]In der österreichisch-ungarischen Donaumonarchie setzte sich die Gräfin Theresia Brunsvik von Koromp als eine der ersten für die Verbreitung von solchen elementarpädagogischen Einrichtungen ein. Sie gründete 1828 in Buda die erste Kleinkinderschule unter dem Namen Engelsgarten. Zwei Jahre später eröffnete Josef Wertheimer in Wien die erste Kleinkinderbewahranstalt. Betroffen von der im Vergleich zu wohlhabenderen Vierteln um einiges höheren Krankheits- und Sterblichkeitsrate in den ärmeren Stadtteilen, forderte er die weitere Schaffung von Einrichtungen, welche der Verelendung entgegenwirkten und Sittlichkeit bei den Kindern förderten (vgl. Berger 2005, o. S.).

und Männlichkeit trugen dazu dabei, dass sich ein stark geschlechtsspezifisch segregiertes Berufsbild entwickelte. Das Fundament bildete die Vorstellung, dass Frauen aufgrund von Schwangerschaft und der daraus abgeleiteten natürlichen Mutterrolle wie geschaffen für die Ausübung des elementarpädagogischen ErzieherInnenberufes seien. Dabei stellte dieses Berufsbild für – vor allem unverheiratete oder verwitwete – kinderlose Frauen eine der wenigen Möglichkeiten dar, überhaupt einen Zugang zum Erwerbsleben zu erhalten. Durch die Anlehnung an den mütterlichen und häuslichen Pflichtenkreis wurde ihre Berufsausübung legitimiert, ohne die vorherrschenden Geschlechterideale außer Kraft setzen zu müssen. Ausgehend von der physisch möglichen Mutterrolle setzte sich auch bald das Konstrukt der geistigen Mütterlichkeit durch (vgl. Jacoby 2009). Indem sich Ideen zur Weiterentwicklung des Berufes auf dieses Konzept stützten, verstärkte sich die geschlechtsspezifische Segregation der Elementarpädagogik noch mehr (vgl. Metzinger 2009, S. 348–357). „Der Nachteil dieser zunächst verblüffend wirkungsvollen und von der Frauenbewegung auch gerne benutzten Konstruktion ließ sich freilich ebenfalls nicht übersehen und bestand darin, dass durch die strenge Fixierung der Frauen auf die Mütterlichkeit alle Forderungen nach einer weiteren Verbesserung der Ausbildung (und damit auch besseren Bezahlung!) leicht abgewehrt werden konnten. ‚Mütterlichkeit', die entscheidende Qualifikation für den Beruf der Kindergärtnerin, konnte dieser Denkungsart zufolge ja schließlich nicht erlernt werden, sondern war den Frauen quasi natürlich mitgegeben" (Konrad 2012, S. 95).

Bis heute finden sich die elementarpädagogischen Professionalisierungsdiskurse im Spannungsfeld von geschlechtsspezifischen Normvorstellungen wieder (vgl. Dippelhofer-Stiem 2012, S. 130).

10.3 Gegenwärtige elementarpädagogische Unterstützungsmaßnahmen zur Vereinbarkeit von Erwerbs- und Familienleben

Wie der kurze Einblick in die Entstehungsgeschichte von elementarpädagogischen Einrichtungen offenbart hat, spielte bereits bei den Gründungsmotiven die Notwendigkeit einer besseren Vereinbarkeit von Erwerbs- und Familienleben eine zentrale Rolle. Diese Herausforderung hat dabei über die Jahrhunderte nicht an Bedeutung verloren. Auch wenn mittlerweile eine Vielzahl von anderen Unterstützungsmaßnahmen (z. B. verschiedene Elternkarenzmodelle, flexible Arbeitszeit- und Arbeitsortvarianten oder spezifische Beratungsangebote) existieren (vgl. Deutscher Studienpreis 2008), wird das Vorhandensein von Einrichtungen zur Kinderbildung und -betreuung mehr denn je als wesentliche Bedingung für die Realisierung von Vereinbarkeit genannt (vgl. Honig 2012, S. 100). Der folgende Abschnitt soll die gegenwärtigen Entwicklungen innerhalb der elementarpädagogischen Landschaft mit Fokus auf Österreich und Deutschland beleuchten. Insbesondere wird hier noch einmal die Frage aufgeworfen, inwieweit diese Maßnahmen heute zur Chancengleichheit von Kindern aus unterschiedlichen sozialen Milieus, aber auch von Frauen und Männern beitragen können.

Ausbauoffensive von elementarpädagogischen Einrichtungen in Österreich
Die Bedeutungszunahme von elementarpädagogischen Einrichtungen spiegelt sich in Österreich in deren massiven Inanspruchnahme bzw. ihrem dazu parallel stattfindenden Ausbau wider (vgl. Statistik Austria 2016). So ist in den letzten Jahrzehnten die Anzahl der Mädchen und Buben, welche eine Kinderkrippe, einen Kindergarten, Hort oder eine altersgemischte Einrichtung besuchen, kontinuierlich gestiegen. Zwischen 1972 bis 2014 hat sich dabei nicht nur die Zahl der Kinder von 151.155 auf 342.261 mehr als verdoppelt, sondern auch der Anteil von elementarpädagogischen Einrichtungen ist von 2.612 auf 8.988 gestiegen (siehe Abb. 10.1).

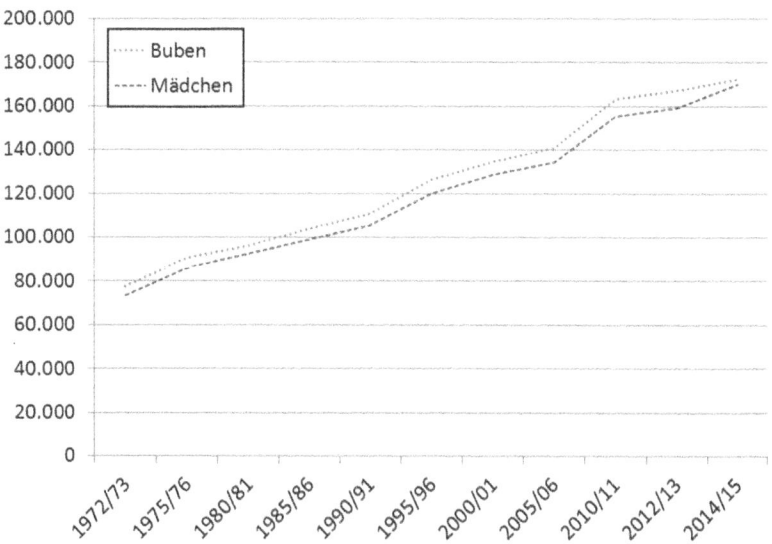

Abb. 10.1 Anzahl von Mädchen und Buben in elementarpädagogischen Einrichtungen in Österreich. (Quelle: Eigene grafische Darstellung, Daten entnommen aus Statistik Austria 2016 [Die Aufzeichnungen sind bis 1972 zugänglich])

Zwei wesentliche gesetzliche Meilensteine waren die Einführung des Gratiskindergarten-Jahres vor dem Schuleintritt im Jahr 2009/2010 sowie der halbtags verpflichtende Besuch für alle Fünfjährigen im Jahr 2010/2011. Seit dieser Gesetzesänderung müssen alle Mädchen und Buben dieser Altersgruppe zwischen sechzehn und zwanzig Stunden an mindestens vier Tagen der Woche einen Kindergarten besuchen. Begründet wurde diese Verpflichtung damit, „allen Kindern beste Bildungsmöglichkeiten und Startchancen in das spätere Berufsleben unabhängig von ihrer sozioökomischen Herkunft zu bieten" (BGBL. I Nr. 99/2009). Diese Erwartungen erscheinen insofern berechtigt, da Studien darauf schließen lassen, dass sich insbesondere ein früher, mehrjähriger Besuch von Kinderbildungseinrichtungen vor dem Schuleintritt auch längerfristig positiv auf die weitere Biografie auswirken kann (z. B. bessere schulische Leistungen). Wie genau der Abbau von (sozialer) Ungleichheit stattfindet, lässt sich gegenwärtig aufgrund des komplexen Bedingungsgefüges allerdings nicht beantworten (vgl. Brake und Büchner 2012, S. 130–136).

Auch zukünftig ist mit dem weiteren Ausbau von Kinderkrippen und Kindergärten zu rechnen. So wurde im Rahmen einer 15a-Bund-Länder-Vereinbarung im Juni 2014 ministeriell beschlossen, dass der Bund den Ländern 305 Mio. EUR für die Kinderbildung und -betreuung als Kofinanzierung zur Verfügung stellen wird, wobei sich die Aufteilung nach der Zahl der unter Dreijährigen in den jeweiligen Bundesländern richtet. Insbesondere diese Altersgruppe soll dabei auch durch die Schaffung von 30.000 neuen Betreuungsplätzen profitieren. Auf diese Weise würde auch das sogenannte Barcelona-Ziel (vgl. Europäische Kommission 2013), welches eine Betreuungsquote von einem Drittel der unter Dreijährigen vorsieht und bereits bis 2010 angestrebt wurde, erreicht werden. Hinsichtlich der Mindestöffnungszeiten von Einrichtungen, welche eine Bedingung für die Förderhöhe sind, war im Vorfeld eine heftige Diskussion entbrannt und der ursprüngliche Entwurf von 47 Wochen auf 45 Wochen im Laufe der Verhandlungen reduziert worden. Außerdem wurden anstatt 25 % nun 35 % der Mittel in zusätzliche Plätze für Drei- bis Sechsjährige investiert (vgl. OTS Presseaussendung 2014, o. S.). Im November 2015 wurde zudem die Maßnahme eines zweiten verpflichtenden Kindergartenjahres in Österreich vorgestellt. Der Plan sieht vor, dass Kinder, die ein Sprach- und Entwicklungsscreening positiv absolvieren, von dieser Verpflichtung nach drei Monaten wieder befreit werden können. Diese Maßnahme wurde ebenfalls stark kritisiert, insbesondere da ohnehin fast 95 % der Kinder in dem Alter den Kindergarten besuchen und die Opt-Out-Idee pädagogisch und organisatorisch schwer umsetzbar ist (vgl. Plattform EduCare 2015, o. S.).

Die Auseinandersetzungen im Vorfeld des Gesetzesbeschlusses und bei der aktuellen Bildungsreform machen auch die Bandbreite der zum Teil sehr kontroversen

Positionen sichtbar. Darunter fällt insbesondere das unterschiedliche Verständnis hinsichtlich der Rolle und der damit verbundenen Aufgaben der privaten-familiären und öffentlichen-außerfamiliären Erziehung, Bildung und Betreuung. Die Gestaltung des Verhältnisses dieser beiden Sphären beinhaltet daher mitunter zähflüssige Aushandlungs- und Entscheidungsfindungsprozesse zwischen verschiedenen Interessensgruppen. Dieser Umstand wird nachfolgend auch an der Flexibilisierung der Öffnungszeiten sichtbar.

Flexibilisierung der Öffnungszeiten
Die zahlenmäßige Zunahme von elementarpädagogischen Einrichtungen allein reicht nicht aus, um den derzeitigen Anforderungen hinsichtlich Vereinbarkeit gerecht zu werden. Gerade in Bezug auf die vielfältigen Interessenlagen und unterschiedlichen Bedarfe benötigt es trag- und konsensfähige Konzepte zur Umsetzung der Erziehungs-, Bildungs- und Betreuungsarbeit. Die Öffnungszeiten von elementarpädagogischen Einrichtungen sind dabei ein wesentliches Kriterium, welches sowohl strukturell als auch inhaltlich berücksichtigt werden muss.

Aufschlussreiche Forschungsergebnisse liefert eine Studie der Technischen Universität Dresden, in deren Rahmen 1357 Elternteile aus der Stadt Dresden befragt wurden (vgl. Wustmann et al. 2008). Mehr als die Hälfte der in der Studie befragten Eltern wünscht eine stärkere Flexibilisierung. Das ist insofern nicht verwunderlich, als sich die Angebotsstruktur der analysierten elementarpädagogischen Einrichtungen in Dresden nach wie vor stark am „Normalarbeitstag" orientiert, d. h. die Öffnungszeiten liegen in der Regel zwischen sechs und achtzehn Uhr. Die zeitliche Dimension dieser Angebotsstruktur deckt nur einen Teil der Erwerbsrealität ab und berücksichtigt beispielsweise Nacht- und Wochenendarbeit kaum bis gar nicht. Dies lässt sich umso mehr auf Österreich übertragen, als hier die elementarpädagogischen Einrichtungen in der Regel noch kürzer offen haben (vgl. Statistik Austria 2016). Insbesondere die Sommermonate stellen dabei die Familien vor eine große Herausforderung in Bezug auf die Vereinbarkeit. Viele Einrichtungen haben gar nicht bis hin zu verkürzt offen. Je nach Bundesland nimmt dies allerdings unterschiedliche Ausmaße an und reicht von 2,3 (Wien) bis hin zu 32,2 Schließtagen (Vorarlberg) (vgl. ebd.). Familien müssen sich dementsprechend für einen Zeitraum von bis zu knapp acht Wochen um eine individuelle Lösung hinsichtlich der Kinderbetreuung im Sommer kümmern.

Dabei zeigen sich die befragten PädagogInnen in der Studie der Technischen Universität Dresden durchaus offen gegenüber der Ausdehnung der Öffnungszeiten von elementarpädagogischen Einrichtungen. Sie gehen davon aus, dass Eltern den Kindern und auch ihnen selbst entspannter begegnen würden, wenn die Vereinbarkeitsproblematik weniger stressig wäre. Vorbehalte gegenüber einer flexibleren Angebotsstruktur kommen am ehesten von Seite der TrägerInnen mit der Begründung der personellen und finanziellen Barrieren. Eine wesentliche Handlungsempfehlung der Studie lautet daher die Vernetzung zwischen den elementarpädagogischen Einrichtungen untereinander bzw. mit anderen Einrichtungen der Kinder- und Jugendhilfe. Außerdem benötige es weniger starre Betreuungszeiten, sondern vielmehr flexiblere Stundenkontingente. Der elterliche Bedarf an außerfamiliärer Betreuung soll dabei regelmäßig und zeitgerecht erhoben werden, um auch die Planungsnotwendigkeiten der TrägerInnen besser berücksichtigen zu können. Die Passgenauigkeit der Öffnungszeiten bedeutet in diesem Kontext nicht unbedingt eine flächendeckende Erweiterung aller Einrichtungen, sondern vielmehr eine stärkere Zusammenarbeit der bestehenden Einrichtungen zur gegenseitigen Unterstützung (vgl. Wustmann et al. 2008).

10.4 Elementarpädagogik als nach wie vor geschlechtsspezifisch geprägtes Berufsfeld

Die oben skizzierte notwendige Flexibilisierung der Öffnungszeiten ist ein Teil der vergangenen und gegenwärtigen Herausforderungen innerhalb der elementarpädagogischen Landschaft. Ein anderer Aspekt, der seit der Entstehung immer noch für Auseinandersetzungen sorgt, ist die Frage nach dem geeigneten Personal und dessen Qualifizierung.

Im elementarpädagogischen Berufsfeld sind nach wie vor in erster Linie Frauen anzutreffen. Parallel zum Ausbau der Einrichtungen ist zwar die Anzahl des Personals sowohl bei den weiblichen als auch bei den männlichen Fachkräften auf insgesamt 56.334 gestiegen, allerdings fällt bei genauerer Analyse auf, dass sich an der Segregation nichts verändert hat. Im Gegenteil. So waren 1972 422 Männer und 10.212 Frauen tätig, während heute 1143 Männer und 55.191 Frauen in diesen Berufsfeldern zu finden sind. Waren also damals 3,97 % des gesamten Personals männlich, hat sich dies heute fast halbiert auf rund zwei 2,02 % (vgl. Statistik Austria 2016; Abb. 10.2).

Noch immer gilt also, „dass die Erziehung kleiner Kinder einer der Bereiche ist, in der die Geschlechtertrennung in der Erwachsenenwelt besonders hervortritt" (Rohrmann 2008, S. 152). Mittlerweile gibt es Initiativen zur Erhöhung des Männeranteils, wobei interessanterweise wieder häufig das Argument der natürlichen Unterschiede zwischen den Geschlechtern angeführt wird. Die „Vermütterlichung" der Elementarpädagogik wird kritisiert, da Frauen nicht über die gleichen Fähigkeiten und Fertigkeiten wie die Männern verfügen und Kindern somit wichtige Lernerfahrungen genommen würden. Insbesondere die Buben würden hier

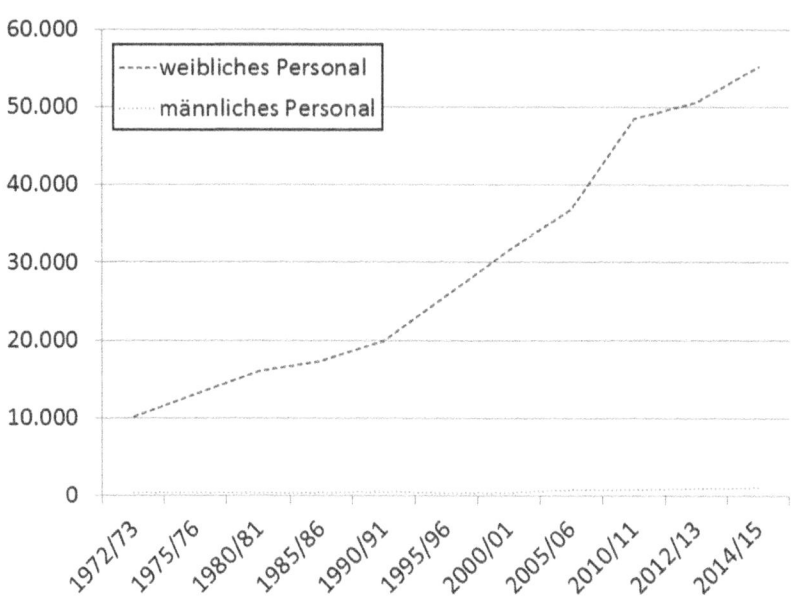

Abb. 10.2 Weibliches und männliches Personal in elementarpädagogischen Einrichtungen in Österreich. (Quelle: Eigene grafische Darstellung; Daten entnommen aus Statistik Austria 2016)

an fehlenden männlichen Identifikationsfiguren leiden (vgl. ebd., S. 156–159). Bisher existieren allerdings keine Forschungsergebnisse, die diese Sichtweisen eindeutig belegen bzw. die langfristigen Auswirkungen der Geschlechterzugehörigkeit von PädagogInnen auf die Entwicklung der Kinder erfasst haben (vgl. ebd., S. 59). Hinzu kommt außerdem, dass es sich bei Frauen und Männern nicht um jeweils homogene Gruppen handelt, sondern auch innerhalb der Gruppen eine Vielfalt von ganz unterschiedlichen Fähigkeiten, Fertigkeiten und Haltungen existiert. Die bipolare biologistische Denkart spiegelt daher nur einen reduzierten Ausschnitt von geschlechtlicher Identität wider (vgl. ebd., S. 158).

Wünschenswert wäre – insbesondere in Hinblick auf die Professionalisierung des Berufsfeldes – eine offenere und differenziertere Auseinandersetzung mit der Geschlechtersegregation innerhalb der Elementarpädagogik. Der Mythos der Mütterlichkeit bzw. der derzeit stark populär gewordenen Väterlichkeit sollte dabei nicht das Fundament sein, auf dessen diese Entwicklung fußt, denn wie die Geschichte zeigt, wirken sich solche geschlechtsspezifischen Zuschreibungen eher erschwerend auf die Professionalisierung aus (vgl. Bamler et al. 2010, S. 202–205).

10.5 Resümee

Anliegen des Beitrages war es zu zeigen, wie vielschichtig und stark elementarpädagogische Diskurse seit Beginn an mit dem Thema Vereinbarkeit von Erwerbs- und Familienleben verwoben sind. Sie erstrecken sich vom Verhältnis zwischen privater und öffentlicher Erziehung über den Stellenwert der Bildung in den frühen Lebensjahren bis hin zur Gleichstellung von Frauen und Männern. Die Elementarpädagogik kann dabei als ein wesentlicher Schlüssel zur besseren Vereinbarkeit betrachtet werden, denn im Mittelpunkt stehen nicht nur die Kinder selbst, sondern sie unterstützt die Gesellschaft dabei, Familie überhaupt erst zu ermöglichen (vgl. Honig 2012, S. 91). Allerdings ist die Unterstützung von Vereinbarkeit nicht ihr einziger gesellschaftlicher Auftrag, sondern insbesondere die Verwirklichung von Bildung. Gerade auf diesem Hintergrund muss sie sich selbst immer wieder kritisch mit Fragen der Verteilung und letztlich auch Hierarchisierung von Erwerbs- und Familienleben – besonders abseits einseitiger Geschlechternormierungen – auseinandersetzen. Außerdem benötigt es eine Vielzahl von gesellschaftspolitischen Maßnahmen auch abseits der Elementarpädagogik. Auf diese Weise könnte es langfristig von einem spannungsgeladenen zu einem gelösteren Verhältnis der zentralen Lebensbereiche Familie und Erwerbsarbeit kommen.

Literatur

Andresen, S., & Hurrelmann, K. (2010). *Kindheit*. Weinheim: Beltz.
Bamler, V., Schönberger, I., & Wustmann, C. (2010). *Lehrbuch Elementarpädagogik*. Weinheim: Juventa Verlag.
Berger, M. (2005). Recherchen zum Kindergarten in Österreich: Gestern – Heute – Morgen. Manuskript eines Vortrags, der am 25.02.2005 vor Kindergärtnerinnen in Salzburg gehalten wurde. http://www.kindergartenpaedagogik.de/1240.html. Zugegriffen: 9. Juli 2014.
Brake, A., & Büchner, P. (2012). *Bildung und soziale Ungleichheit. Eine Einführung*. Stuttgart: Kohlhammer.
Dippelhofer-Stiem, B. (2012). Beruf und Professionalisierung im frühpädagogischen Feld. In L. Fried, B. Dippelhofer-Stiem, M.-S. Honig, & L. Liegle (Hrsg.), *Pädagogik der frühen Kindheit* (S. 129–161). Weinheim: Beltz.
Deutscher Studienpreis. (Hrsg.). (2008). *Mittelpunkt Mensch. Leitbilder, Modelle und Ideen für die Vereinbarkeit von Arbeit und Leben*. Wiesbaden: VS Verlag/GWV Fachverlage.
Europäische Kommission. (2013). Barcelona objectives. The development of childcare facilities for young children in Europe with a view to sustainable and inclusive growth. Publications Office of the European Union. http://ec.europa.eu/justice/gender-equality/files/documents/130531_barcelona_en.pdf. Zugegriffen: 9. Juli 2014.

Gansen, P. (2010). Geschichte des Kindergartens – Kindheit und Kleinkindpädagogik in historischer Sicht. In N. Neuß (Hrsg.), *Grundwissen Elementarpädagogik* (S. 29–37). Berlin: Cornelsen.

Honig, M.-S. (2012). Frühpädagogische Einrichtungen. In L. Fried, B. Dippelhofer-Stiem, M.-S. Honig Barbara, & L. Liegle (Hrsg.), *Pädagogik der frühen Kindheit* (S. 91–128). Weinheim: Beltz.

Jacoby, J. (2009). „Geistige Mütterlichkeit": Bildungstheorie oder strategischer Kampfbegriff gegen Männerdominanz im Mädchenschulwesen. In Universität Potsdam (Hrsg.), *Postprints der Universität Potsdam. Humanwissenschaftliche Reihe.* Eigenverlag.

Konrad, F.-M. (2012). *Der Kindergarten. Seine Geschichte von den Anfängen bis in die Gegenwart.* 2., überarb. und aktual. Aufl. Freiburg: Lambertus.

Liegle, L. (2012). Kind und Kindheit. In L. Fried, B. Dippelhofer-Stiem, M.-S. Honig, & L. Liegle (Hrsg.), *Pädagogik der frühen Kindheit* (S. 14–56). Weinheim: Beltz.

Metzinger, A. (2009). Geschichte der Erzieherinnenausbildung als Frauenberuf. In L. Fried & S. Roux (Hrsg.), *Pädagogik der frühen Kindheit. Handbuch und Nachschlagewerk* (S. 348–357). Berlin: Cornelsen.

OTS Presseaussendung zum Ausbau der Elementarpädagogik in Österreich. (2014). http://www.ots.at/presseaussendung/OTS_20140710_OTS0199/bund-investiert-bis-2017-305-mio-in-den-ausbau-der-kinderbetreuung. Zugegriffen: 11. Juli 2014.

Plattform Educare zum Bildungsreformkommission. (2015). http://elementarbildung.blogspot.co.at/2015/11/bildungsreformkommission.html. Zugegriffen: 13. März 2016.

Rohrmann, T. (2008). *Zwei Welten? – Geschlechtertrennung in der Kindheit. Forschung und Praxis im Dialog.* Opladen : Budrich UniPress.

Statistik Austria. (2016). Kindertagesheime und Kinderbetreuung. http://www.statistik.at/web_de/statistiken/bildung_und_kultur/formales_bildungswesen/kindertagesheime_kinderbetreuung/index.html. Zugegriffen: 18. März 2016.

Wustmann, C., Lenz, K., & Bamler, V. (2008). „Öffnungszeitenbedarf in Kindertageseinrichtungen in der Stadt Dresden". *Studie im Auftrag des Eigenbetriebs Kindertageseinrichtungen der Stadt Dresden, 08,* 98–108.

Über die Autorin

Christina Pernsteiner, Mag. Studium der Pädagogik. Seit 2014 Universitätsassistentin im Arbeitsbereich Elementarpädagogik am Institut für Erziehungs- und Bildungswissenschaft der Universität Graz, langjährige Forschungs- und Lehrerfahrung, Schwerpunkte: Kindheit, Geschlechter, Generationen, Arbeit. Dzt. Dissertation „Arbeit aus der Perspektive von Kindern"; 2009 bis 2014 Projektleitung im Bereich Geschlechter reflektierende Bildungs- und Berufsorientierung, seit 2014 Vorstandsmitglied beim Verein MAFALDA, Mitglied in der ÖFEB Sektion Elementarpädagogik, European Early Childhood Education Research Association, Plattform Educare, Netzwerk „Frühe Hilfen in Österreich".

Anhang

unikid & unicare – universitäre Anlaufstelle für Vereinbarkeit

Jedem Anliegen zum Thema Vereinbarkeit wird nachgegangen
Aufgabe der universitären Anlaufstelle für Vereinbarkeit ist es, für Angehörige der Universität (Studierende und Bedienstete) vereinbarkeitsfördernde Maßnahmen zu planen, umzusetzen und zu evaluieren. Zusätzlich zu Beratung und Service leistet die Anlaufstelle auch Sensibilisierung und Bewusstseinsbildung zum Thema Vereinbarkeit von Studium/Beruf mit familiären Sorgepflichten gegenüber minderjährigen und/oder erwachsenen oder älteren pflegebedürftigen Angehörigen.

Angebote

Nachfolgend sollen die zahlreichen und facettenreichen Angebote für Familien mit Kindern und Jugendlichen und für pflegende Angehörige kurz vorgestellt werden. Diese befinden sich zwar „unter einem Dach" und werden strategisch parallel gedacht, sind jedoch inhaltlich naturgemäß getrennt.

Umfassende Informationsarbeit

Über zehn verschiedene Informationskanäle werden Informationen bereitgestellt. So sind etwa auf der Website und im Intranet rechtliche, finanzielle und weitere spezifische Informationen rund um Vereinbarkeit zu finden. Auf Facebook und im externen und internen Veranstaltungskalender gibt es Informationen über Angebote und Veranstaltungen.

Allgemeine Beratung

Es ist möglich, sich unverbindlich telefonisch, persönlich und per E-Mail zu melden, sich einmalig spezifisch oder auch längerfristig vertraulich beraten zu lassen. Jedem Anliegen zum Thema Vereinbarkeit wird nachgegangen, ganz egal, worum es genau geht. Die Anmeldung erfolgt direkt im Büro und ist mit keinerlei bürokratischem Aufwand verbunden. Die InteressentInnen, Anfragenden oder TeilnehmerInnen werden keiner weiteren Organisationseinheit bekannt gegeben.

Die Inhalte der Anfragen spiegeln dabei die Familienorganisation in aller Vielfalt wider:

- die Rollenaufteilung für schwierige Gespräche innerhalb eines erweiterten Familienkreises unter erwachsenen Kindern und Schwiegerkindern, die möglicherweise bereits in sehr unterschiedlichem Ausmaß pflegend, organisierend, kontrollierend oder unterstützend tätig sind.
- eine sinnvolle partnerschaftliche Organisation von Familienarbeit im Allgemeinen, Wiedereinstieg, Kinderbetreuungswechsel.
- die Einbindung institutioneller Hilfsorganisationen samt Skepsis, Schuleinstiegsfragen und Vorbehalten.
- Anfragen zu internen Regelungen – etwa bei kurzfristigen Ausfällen und der Möglichkeit, Sonderurlaub in Anspruch zu nehmen.
- Anfragen zum Ausfüllen von Formularen bei bestimmten Situationen (Übersiedelung eines Elternteils ins Pflegeheim, unvorhergesehene erforderliche Anwesenheit bei plötzlicher Zustandsverschlechterung eines Elternteils)
- rechtliche und finanzielle Informationen bei Beauftragung von Personal zur familiären Unterstützung wie 24-h-Pflege, aber auch Kinderbetreuung.
- Anfragen zu Unterstützungsmöglichkeiten und Betreuungsmöglichkeiten für Kinder nach schweren Krankheiten oder mit Einschränkungen.
- auf Wunsch anonymisierte Recherche zur Vorinformation für Betroffene, um zeitaufwendige Telefonate abzunehmen und die passenden Informationen, Kontakte und Formulare dann zur Verfügung zu stellen.
- Verfügbarkeit von Parkplätzen bei kurzfristig aufgetretenen familiären Situationen, die die reguläre Mobilität kurzfristig einschränken und anderes mehr.

Beratung und Service für Familien mit minderjährigen Angehörigen

Hier reicht das Angebot von der Information über bedarfsorientierte und ganzjährige Kinderbetreuung, der Sommer-Kinderbetreuung, der „unikid-Info" für Eltern Heranwachsender und dem unikid-Kursangebot bis hin zu vertraulicher Recherche individueller Anliegen.

Informationsveranstaltungen: unikid-Info

Aus den Beratungsanfragen heraus wurde eine Maßnahme entwickelt, in der in wiederkehrenden Abständen Informationsveranstaltungen für Eltern und Kinder oder auch ganz exklusiv für Eltern zur Verfügung gestellt werden, um Herausforderungen im Alltag mit Heranwachsenden gemeinsam mit ExpertInnen zu thematisieren: die unikid-Info.

Die Themen umfassen u. a.:

- Informationen über flexible professionelle Betreuung kranker Kinder daheim
- Informationen und Tipps, wie Eltern ihre heranwachsenden Kinder beim Entdecken der „Neuen Medien" begleiten können
- Brandschutz und Unfallprävention
- Erste Hilfe bei Kindernotfällen
- Jugendschutz in der Steiermark
- Suchtprävention – Informationen rund um Themen der Suchtvorbeugung – von der frühen Kindheit bis zur Adoleszenz

Kurse: Sport und Freizeitvergnügen und dazu noch Vernetzung

Als Vernetzungsräume für Eltern an der Universität, die zeitlich vor und nach der Arbeit knapp planen müssen, werden bereits seit vielen Jahren verschiedene Kurse angeboten, die Eltern mit ihren Kindern besuchen können. Diese Kurse dienen auch dem Kontaktaufbau für Familien aus dem Ausland und allgemein dem Kennenlernen anderer Familien mit Kindern in ähnlichem Alter.

Derzeit gibt es folgende Kurse:

- unikid-Schwimmkurs für Kinder ab 5 Jahren ohne Eltern
- unikid-Turnen für Kinder von etwa 1,5 bis 6 Jahren mit Begleitperson
- unikid-Akrobatik für Kinder älter als 6 Jahre mit Begleitperson

Flexible Kinderbetreuung

Individuelle Betreuungsbedarfe können mit verschiedenen Formen flexibler Kinderbetreuung abgedeckt werden: unikid informiert hierbei über Einrichtungen, die flexible stundenweise Kinderbetreuung anbieten, und über entsprechende finanzielle Förderungen.

Tagungskinderbetreuung

Wird eine Tagung organisiert, sollte mitbedacht werden, wie viele Personen des angesprochenen Publikums Kinderbetreuungsverpflichtungen haben. Möglicherweise kann alleine schon mit dem Angebot einer parallelen Kinderbetreuungszeit eine bestimmte Gruppe an Interessierten gezielt angesprochen und aktiv eingeladen werden.

Dazu wird ein Leitfaden angeboten und zur Organisation einer Betreuung informiert und beraten. Bei Bedarf kann unikid & unicare mit der Organisation einer Kinderbetreuung beauftragt werden.

unikid-Betreuung

unikid & unicare organisiert Betreuungsangebote zu schulfreien Zeiten wie Osterdienstag und Pfingstdienstag, informiert über Semesterferien und Osterferien und organisiert selbst eine fünfwöchige Ferienbetreuung für Kinder von 5 bis 12 Jahren am Campus. An- und Abmeldung sind für Eltern möglichst flexibel gestaltet – für Anmeldungen von Universitätsangehörigen wird keine Warteliste erstellt, sondern Plätze nach Bedarf zur Verfügung gestellt.

unikid-Pool

Im unikid-Pool sind über ein Aufnahmeverfahren qualitätsgesichert erfahrene, engagierte und verlässliche BetreuerInnen für Kinder registriert. Ihnen wird kostenlose fachspezifische Weiterbildung angeboten. Auf Anfrage von Eltern erfolgt ein Matchingvorschlag auf Basis des Anliegens. Es werden auch besondere Bedarfe wie Sprachkenntnisse, medizinisches Wissen u. Ä. erhoben und passend vorgeschlagen. Wenn kein Matching von Anfrage und unikid-Pool zustande kommt, wird individuell über den unikid-Pool hinaus auf die Anfrage hin recherchiert.

Suche nach Kinderbetreuungsplätzen

Zwar hat die Universität Graz seit 1974 eigene Kinderbetreuungseinrichtungen, die immer wieder ausgebaut wurden, die Plätze jedoch reichen einerseits bei weitem nicht für alle, sind andererseits auch aufgrund von Wohnorten, Wegzeiten oder fallweisen Wünschen nach anderen pädagogischen Konzepten nicht für alle InteressentInnen passend.

Zusätzlich erfolgen Wiedereinstiege oder auch Bewerbungszusagen durchaus unterjährig. Somit ist die Suche nach Kinderbetreuungsplätzen in Graz/Graz-Umgebung eine der am häufigsten bearbeiteten Anfragen.

Eine umfassende Unterstützung von Familien im Zuge einer Verlegung des Lebensmittelpunkts nach Graz erfolgt durch das Dual Career Service[1] – Information und Beratung zu damit einhergehenden Fragen zu Kinderbetreuung und Schulsystem, aber auch Vernetzung und Kontaktaufbau mit anderen Familien wird von unikid & unicare durchgeführt.

Doktorat mit Familie

Im Rahmen des Vereinbarkeitsservice der Universität Graz konnte auch ein Angebot etabliert werden, das für NachwuchswissenschafterInnen Unterstützung

---

[1] Vgl. http://www.sustainability4u.at/.

bieten soll: der Workshop Doktorat mit Familie. Es melden sich hier DissertantInnen und Post-Docs an, die meist recht kleine Kinder haben, in sehr verschiedenen Familiensituationen leben und auch in sehr verschiedenen Positionen forschen und arbeiten. Im Workshop werden folgende Fragen behandelt:

- Welche Organisation brauche ich, meine Familie und meine Forschungsarbeit?
- Wo finde ich Kontakte, Anlaufstellen und Unterstützungsangebote?
- Welche Möglichkeiten für flexible Kinderbetreuung gibt es – z. B. für Abendtermine, kranke Kinder, Übergangslösungen oder Ausfall der regulären Kinderbetreuung?

Anhand eines Inputs familienspezifischen Zeitmanagements werden verschiedene Unterstützungsmöglichkeiten und Organisationstools vorgestellt.

In den Workshops findet ein reger Informations- und Erfahrungsaustausch zwischen DoktorandInnen/Post-Docs mit Familienverpflichtungen zu Fragen rund um das Thema Vereinbarkeit von Doktorat/Forschung und Familie statt.

Beratung und Service für Familien mit pflegebedürftigen Angehörigen

Das Angebot reicht von der „unicare-Info" für pflegende Angehörige über ein Broschüren-Informationsservice bis hin zu vertraulicher Recherche individueller Anliegen bei Fragen rund um die Vereinbarkeit von Studium/Beruf mit aktiven Sorgepflichten gegenüber pflegebedürftigen erwachsenen und älteren Angehörigen.

Informationsveranstaltungen: unicare-Info

Im Rahmen der unicare-Info werden Themen aufgegriffen, die hinsichtlich der Vereinbarkeit von Beruf und familiärer Pflege relevant sind und die Herausforderungen im Alltag mit pflegebedürftigen erwachsenen oder älteren Nahestehenden benennen. ReferentInnen stellen fachliche Expertise innerhalb eines für Austausch und Vernetzung förderlichen Rahmens zur Verfügung. Zentral und gut erreichbar findet die unicare-Info innerhalb der Zeiten, zu denen die Betreuung der pflegebedürftigen Angehörigen üblicherweise geregelt ist, statt.

Die unicare-Info dient nicht nur der Informationsvermittlung an die Zielgruppe, sondern fördert strategisch die Sichtbarkeit sowie und gleichzeitig den Abbau von Tabuisierung des Themas Pflege.
Die Themen umfassen u. a.:

- PatientInnenverfügung und Vorsorgevollmacht
- Möglichkeiten personeller und finanzieller Unterstützungen und Entlastungen wie Pflegegeld, Mobile Dienste, Pflegeheim, Betreutes Wohnen, 24-h-Betreuung, freiwillige Dienste und mehr
- Wohnraumanpassung
- Versorgungsgrade und Formen ambulanter und (teil-)stationärer Betreuung als Ergänzung/Entlastung zur familiären Betreuung
- Entlassungsmanagement – vom Spital nach Hause
- Urlaub von der Pflege(-Organisation) – wer kümmert sich, wenn ich nicht da bin?
- Arbeitszeit – Familienzeit – Erholungszeit
- Palliativmedizin und Hospizarbeit – Entscheidungen am Lebensende
- Demenz? Erkennen und richtig Reagieren bei Verdacht

Bedarfsorientierte Entlastung

Informationen und Kontaktdaten zu ehrenamtlichen Besuchsdiensten werden bereitgestellt, die jedoch keine mobile Pflege oder ständige Betreuung ersetzen, sondern aus verschiedenen Gründen in Anspruch genommen werden können.

Flexible Kurzzeitbetreuung mit wenigen Stunden oder auch reine Tagesbetreuung werden zunehmend organisiert angeboten – teilweise ehrenamtlich, teilweise über atypische Dienstverhältnisse oder auch Anstellung in Privathaushalten geregelt. Bei einem geringen Stundenausmaß – etwa drei Stunden täglich (weil mehr weder erwünscht noch erforderlich ist) gibt es jedoch für die Familien kein Modell zur finanziellen Förderung und damit Entlastung. Auch hier gibt es einen neuen Markt – aktuelle Daten finden sich auf der Website. Diese können als bedarfsgerechte Betreuung oder als sanfter Einstieg in die 24-h-Betreuung genutzt werden.

Universität Graz als familienfreundliche Arbeitgeberin

Zusätzlich zur operativ tätigen Fachabteilung unikid & unicare, die direkten Support für die Anspruchsgruppen bietet, ist Familienfreundlichkeit nicht ohne weitere universitätsübergreifende spezielle Regelungen denkbar: Arbeitszeitregelungen wie Gleitzeit, (den Umständen angemessene) flexible Stundenreduktion bzw. -aufstockung, interne Regelungen zu Sonderurlauben und finanziellen Geldaushilfen, Sorgearbeit als Kriterium im Bepunktungssystem bei der Parkplatzvergabe, die Webplattform FocusYou (Information über Leistungen der Uni Graz als Arbeitgeberin im Intranet), Dual Career Service sowie Forschungsprojekte im eigenen Haus zu Themen wie Work-Life-Balance.

Vernetzung zu den Themen Vereinbarkeit und Familienfreundlichkeit ist von der Universitätsleitung erwünscht und findet in regelmäßigen Abständen mit verschiedenen Abteilungen und Gremien statt.

Geschichte[2]

Engagierte Eltern gründeten an der Universität Graz bereits 1974 den ersten Betriebskindergarten. In den 1990er Jahren entwickelten engagierte Wissenschafterinnen die Ideen rund um die Verbesserung der Vereinbarkeit von Wissenschaft und Kinderbetreuung weiter. Die Konzepte zielten auf die junge Wissenschafterin, die vielleicht schon Mutter war oder sich aufgrund eines Kinderwunsches gegen die wissenschaftliche Laufbahn entscheiden würde.

2004 wurde über Projektmittel des ESF die Interuniversitäre Kinderbetreuungsanlaufstelle unikid gegründet, die für alle vier Grazer Universitäten tätig war. Von hier aus wurde ein Babysitting-Pool aufgebaut, Kinderkurse und Sommer-Kinderbetreuungswochen wurden organisiert sowie Tagesmütter, die für Kinder von Universitätsangehörigen zur Verfügung standen, ausgebildet.

Das Projekt Tagesmütter wurde bald aufgegeben, da nicht besetzte Plätze in voller Höhe von der Universität zu bezahlen waren – die erforderliche Struktur, um freie Betreuungsplätze und suchende Eltern zusammenzubringen, war zu diesem Zeitpunkt noch nicht vorhanden.

Heute gibt es diese Strukturen in Form der Anlaufstelle – Kinderbetreuung ist dabei nach wie vor ein zentrales Thema. Jedoch zeigen die Vereinbarkeitsherausforderungen von Eltern bzw. Erziehungsberechtigten eine wesentlich weitere Spanne als nur die Betreuung von Kindern unter 6 Jahren.

2010 startete die Abteilung unikid das Projekt unicare in Kooperation, wie bereits mehrfach ausgeführt, mit der Studie von Margareta Kreimer und Isabella Meier. Es ging in einem ersten Schritt um die Darstellung der Thematik und

---

[2]Ausgewählte Zahlen und Fakten sowie schillernde Highlights können im Fünf-Jahres-Bericht 2011–2015 nachgelesen werden. Dieser wie auch die Zeittafel mit den wichtigsten Entwicklungsschritten ab 1974 ist unter https://unikid-unicare.uni-graz.at/de/vereinbarkeitsservice/geschichte/ zu finden.

vielfältiger Informationen auf einer Website. Seit 2011 bietet die Anlaufstelle unikid & unicare spezielle unicare-Beratungen, in denen die individuelle Anfrage vertraulich behandelt und recherchiert wird. Die Zielgruppe ist nicht eingeschränkt auf die Angehörigen, die selbst Pflegetätigkeiten durchführen. „Familiäre Pflege" findet schon in der Phase statt, in der man beginnt, sich um ein Familienmitglied oder eine nahestehende Person Sorgen zu machen. Man unternimmt Besuche, um im Tagesablauf zu helfen, übernimmt Einkäufe, begleitet Arztbesuche und dergleichen. Es geht dabei öfter um informelle Pflege: verantwortliche Organisation von Unterstützungsleistungen im Alltag und Vorbereitung von Entscheidungen, die möglicherweise bald anstehen.

Aus der Kinderbetreuungsanlaufstelle unikid hat sich eine Anlaufstelle für Vereinbarkeit entwickelt, die zum Themenbereich Vereinbarkeit von Studium/Beruf und familiären Sorgepflichten gegenüber minderjährigen und/oder pflegebedürftigen Angehörigen umfassend Beratung und Service anbietet. Gemeinsam ist den Projekten unikid & unicare eine herausfordernde und ständige Informationsarbeit. Gerade bei Inhalten, die anfänglich kaum angenommen werden, ist es von zentraler Bedeutung, dass die Themen, Titel und Bilder sichtbar bleiben, um eine Bewusstseinsbildung anzuregen und präsent zu sein.

The manufacturer's authorised representative in the EU is Springer Nature Customer Service Centre GmbH, Europaplatz 3, 69115 Heidelberg, Germany. If you have any concerns regarding our products, please contact ProductSafety@springernature.com

Printed and bound by CPI Group (UK) Ltd, Croydon, CR0 4YY

25/03/2026

02078190-0007